SYLVAIN MENÉTREY • STÉPHANE SZERMAN

DESACELERE
Ouse diminuir o ritmo e viva melhor

TRADUÇÃO: CAMILA FIALHO

EDITORA SENAC SÃO PAULO – SÃO PAULO – 2016

ADMINISTRAÇÃO REGIONAL DO SENAC NO ESTADO DE SÃO PAULO
Presidente do Conselho Regional: Abram Szajman
Diretor do Departamento Regional: Luiz Francisco de A. Salgado
Superintendente Universitário e de Desenvolvimento: Luiz Carlos Dourado

EDITORA SENAC SÃO PAULO
Conselho Editorial: Luiz Francisco de A. Salgado
Luiz Carlos Dourado
Darcio Sayad Maia
Lucila Mara Sbrana Sciotti
Jeane Passos de Souza

Gerente/Publisher: Jeane Passos de Souza (jpassos@sp.senac.br)
Coordenação Editorial: Márcia Cavalheiro Rodrigues de Almeida (mcavalhe@sp.senac.br)
Comercial: Marcelo Nogueira da Silva (marcelo.nsilva@sp.senac.br)
Administrativo: Luís Américo Tousi Botelho (luis.tbotelho@sp.senac.br)

Edição de Texto: Adalberto Luís de Oliveira
Preparação de Texto: Janaina Lira
Revisão de Texto: Carolina Hidalgo Castelani, Patricia B. Almeida,
Gabriela L. Adami (coord.)
Projeto Gráfico: Antonio Carlos De Angelis
Editoração Eletrônica: Antonio Carlos De Angelis, Veridiana Freitas
Capa: Antonio Carlos De Angelis, Thiago Ferreira Mullon Planchart
Ilustração da Capa: ©sorbetto | iStock.
Impressão e Acabamento: Rettec Artes Gráficas e Editora Ltda

Título original: *Slow attitude! Oser ralentir pour mieux vivre*
Sylvain Menétrey e Stéphane Szerman
© Armand Colin, Paris, 2013
Armand Colin é uma marca da Dunod Éditeur
5, rue Laromiguière – 75005 Paris

Proibida a reprodução sem autorização expressa.
Todos os direitos reservados à:
Editora Senac São Paulo
Rua 24 de Maio, 208 – 3º andar – Centro – CEP 01041-000
Caixa Postal 1120 – CEP 01032-970 – São Paulo – SP
Tel. (11) 2187-4450 – Fax (11) 2187-4486
E-mail: editora@sp.senac.br
Home page: http://www.editorasenacsp.com.br

© Edição brasileira: Editora Senac São Paulo, 2016

≡ Sumário

Nota da edição brasileira, 9

Desaceleração – *Lionel Pourtau*, 11

Do tempo às temporalidades, 11

Alienação, 13

Desacelerações, 15

Das patologias da modernidade em geral e da identidade em particular, 17

Conclusão, 19

Introdução, 21

Slow Food, 33

O papa do Slow Food, 38

Uma agroindústria devastadora, 39

A gastronomia da direita à esquerda, 44

Bom, limpo e justo, 49

Para cada um, o seu convívio, 50

Terra Madre, 52

A Fundação Slow Food pela biodiversidade, 53

Educar as papilas, 54

A Arca do Gosto, 55

A França, um caso à parte, 56

Um movimento reacionário?, 59

Cittaslow, 63

Diminuir os ritmos urbanos, 63
As cidades-velocidade, 64
A política Cittaslow, 67
As utopias urbanas, 68
Medidas para diminuir o ritmo, 72
As primeiras Cittaslow, 74
O defeito do pequeno tamanho, 76
A filosofia Cittaslow, 78

Slow Money, 83

Financiar a agricultura sustentável, 83
Na vanguarda das finanças éticas, 85
Nós somos os 99%, 87
Um modelo entre filantropia e investimento, 89
Alguns projetos apoiados por Slow Money, 91
Uma nova ética do dinheiro, 92

Slow Education, 93

As novas pedagogias, 97
Um novo uso do tempo educativo, 100
Os quinze princípios de uma educação lenta, 103
As escolas alternativas à prova dos resultados, 107
A instrução do ponto de vista da filosofia, 112

Slow Management, 113

Liderança e proximidade, 114
Um sucesso local, 118
O valor do trabalho em seu pedestal, 120

Slow Sex, 125

O sexo na era do capitalismo neoliberal, 126
Os bocejos de um casal, 129
Princípios... ou não, 131
O *coaching* Slow Sex, 132

SUMÁRIO ::

Uma visão estreita da sexualidade, 133
Por que não *sextoys* Slow?, 134
A prostituição Slow ou prostituição ética, 135
Os direitos ao sexo e às sexualidades, 136

Slow Turismo, 139
O advento do turismo responsável, 141
Ao passo do boi, 145
A aventura humana, 148
Pegadas que deixam marcas, 149
Entre o bicho-grilo e o burguês-boêmio, 150
Um programa de viagem para você mesmo preparar, 153
A filosofia da viagem, 158

Slow Design, 161
Um design mais humano, 161
Um mundo programado para a obsolescência, 163
Os princípios de um design contemplativo, 166
Os ensinamentos de uma garrafa de leite, 167
O projeto *Sustainable Everyday*, 168
Os Slow designers franceses, 169
O mercado do Slow Design, 170
Aos riscos do reaproveitamento, 171

Slow Arquitetura, 173
As construções como livros de história, 173

Slow Book, 177
Classificações qualitativas, 179
Livreiros apaixonados, 180
Uma fazenda de livros, 181
Outras iniciativas que desapareceram ou que estão em projeto, 182

Slow Media, 183
A crise da imprensa, 183
Novas mídias cronofágicas, 184

O manifesto do Slow Media, 185
A moderação como mãe das virtudes midiáticas, 186
Na universidade, 187
Adbusters, 188
Os *mooks*, 188
The Sochi Project, 189
Slow Media em banda larga, 189
Filosofia, 190

Slow Science, 193
"Publish or perish", 195
A ciência da desexcelência, 200
A maturação das ideias, 200
Uma outra abordagem da ciência, 201
Para que a ciência faça menos, mas melhor, 202
A filosofia da Slow Science, 205

Outros movimentos Slow, 207
Slow Art, 207
Estética Slow, 208
Slow Drinking, 208
Cosmética Slow, 208
Emagrecimento Slow, 209
Slow Massage, 209
Slow Fashion, 209
Slow Gardening, 210
Slow Music, 210
Slow Ski ou Slow Slopes, 210
Medicina Slow, 211

Conclusão, 213

Guia prático, 217

Bibliografia, 221

≡ Nota da edição brasileira

A sensação de que o tempo está cada vez mais rápido, a semana cada vez mais curta e de que não damos conta de tudo que temos de fazer em um só dia já não é novidade. Nem a angústia, que, associada a essa situação cotidiana estressante, passa a fazer parte de nosso *modus vivendi.*

A competição é acirrada e a relação com o outro passa a ser orientada pelos interesses imediatos. Sem relação! E cresce o vazio, a inadaptação, a obsolescência de objetos e pessoas... Assim, desacelerar parece ser uma necessidade urgente, uma estratégia de sobrevivência.

Vários são os setores que optaram por esse caminho, e o movimento mais conhecido do público foi a proposta do Slow Food, que se coloca na contramão do *fast-food,* do prato preparado e servido em um curto espaço de tempo. Mas há outros, como o Cittaslow, o Slow Money, a Slow Education... e até mesmo o Slow Sex!

O universo Slow pretende, na verdade, ir além do efeito da moda, buscando um desenvolvimento sustentável e uma atitude humana e social mais próxima dos ritmos naturais da vida.

Lançamento do Senac São Paulo, *Desacelere: ouse diminuir o ritmo e viva melhor* discute esses vários movimentos cujo principal interesse é evitar o desgaste inútil imposto pelo ritmo frenético da sociedade de consumo globalizada e a reaproximação do homem consigo e com a natureza.

≡ Desaceleração
LIONEL POURTAU[1]

Fomos condenados a ter Cronos como pai e por isso nos fazer devorar? Ou infelizmente estaria a fome ao nosso lado? Estamos permanentemente em estado de fome temporal?

Do tempo às temporalidades

Se a malícia do diabo é nos fazer acreditar que ele não existe, a primeira dificuldade que encontramos para nos libertar do tempo é compreendê-lo. Sabemos o que é o tempo até o momento em que nos pedem para defini-lo. No entanto, essa sempre foi uma tarefa dos pensadores, dos filósofos desde a Antiguidade até os historiadores e sociólogos atuais.

Hesitou-se primeiro sobre sua dinâmica: "modalidade móvel da eternidade" para Platão, "alguma coisa do movimento" para Aristóteles.

Depois, vieram aqueles que pensaram o tempo a partir do sujeito que o sente – o tempo existe somente se estamos aqui para sentir seu império. "É em ti, minha alma, que eu meço o tempo", afere Santo Agostinho. O tempo é uma forma *a priori* da sensibilidade, um sentido interno, segundo Kant. Com a sensação do tempo, podemos pensar o passado, o presente e o futuro, "eu estou no tempo, mas

---

[1] Sociólogo no Instituto de Oncologia Gustave Roussy (Villejuif) e pesquisador associado do departamento de pesquisa em ética da Universidade Paris-Sud.

também sou o tempo"; "eu construo o tempo em mim", explicará aquele que será nomeado o metrônomo humano.

De um lado, o tempo envolvente; do outro, o tempo endógeno, forjado por nossa própria consciência: "eu penso, logo tenho consciência do tempo", para parafrasear Descartes.

Graças a Heidegger, a temporalidade única da filosofia abstrata – de Aristóteles a Kant e de Agostinho a Bergson – pode transitar por entre as temporalidades das linguagens humanas concretas e sobretudo daqueles que servem de fonte e de expressão às diversas ciências humanas e sociais.

Horizontes de espera (futuro como antecipação positiva ou não) e campos de experiência (passado como reconhecimento ou não de capacidades) que delimitam "estruturas temporais formais",[2] esperamos amanhãs que encantem ou tememos futuros tenebrosos.

Os historiadores vão evidentemente se interessar de modo muito particular pelos regimes temporais. Como os humanos se posicionaram, posicionaram suas ações no tempo? O historiador francês que talvez mais tenha pensado nessa relação com o tempo é Jean Chesneaux.[3]

Como um tempo "constituinte" (da consciência) pode ser "constituído" (no mundo)? É o que designa a dialética de Chesneaux entre "tempo parâmetro" (objetivo, externo constituído) e "tempo companheiro" (subjetivo, íntimo constituinte).

Militante de extrema-esquerda, sensível às lógicas de dominação, ele vai pensar o tempo como fator de dominação. O tempo pode ser preemptivo para os poderosos. Eles criam o tempo sistema, aquele dos dominantes, os que enriquecem graças ao mercado e ao domínio do tempo dos relógios. Na França, ele será um dos primeiros a pensar o tempo como ferramenta de dominação.

A qualidade da presente obra não é procurar identificar culpados, mas apresentar soluções para diminuir os ritmos sociais que parecem ter se acelerado.

---

[2]   Reinhart Koselleck, *Le futur passé* (Paris: Éditions de l'EHESS, 2000).

[3]   Jean Chesneaux, *Habiter le temps* (Montrouge: Bayard, 1996).

Alienação

A noção de alienação (do latim: *alienus*, que significa "outro", "estrangeiro") geralmente é compreendida como despossessão do indivíduo e perda de domínio de suas próprias forças em proveito de um outro (indivíduo, grupo ou sociedade em geral). Ela remete, assim, frequentemente à ideia de uma inautenticidade da existência vivida pelo indivíduo alienado.

A alienação é uma perda de controle, por doença mental, de onde vem o termo alienado. Mas, a partir da metade do século XX, também podemos perceber em que aspectos a sociedade de consumo era fator de alienação. Essa disponibilidade quase infinita de objetos poderia ter nos libertado da falta, mas ela apenas a reforça. E a obtenção de objetos para o objeto se tornou uma meta. A aquisição de um objeto não é mais, em certos casos, um meio de resolução de uma necessidade, mas uma necessidade em si. Se a resolução de uma necessidade não é mais o objetivo, então o desejo, e portanto a falta, será infinito.

Essa alienação material também se declina em alienação temporal. E nos falta tempo para realizar nossos projetos e nos realizar na vida.

Duas razões principais explicam essa mudança de relação com o tempo: uma técnica, outra cultural.

Há mais de dois séculos, nós produzimos inovações tecnológicas que nos permitiram ganhar tempo. Os meios de transporte e os meios de comunicação: o carro mais que o cavalo. A internet mais que o correio. O celular mais que o telégrafo. E isso é verdade tanto na vida profissional quanto na vida doméstica. Na vida doméstica, a capacidade de deixar o ambiente limpo e de cozinhar mais rapidamente deveria ter nos dado mais tempo livre, em particular para as mulheres que por muito tempo foram as únicas a assumir essas tarefas entre o casal. Mas isso as deixou somente com tempo suficiente para se tornarem *superwomen*, tendo simultaneamente uma vida doméstica e uma vida profissional.

:: DESACELERE • OUSE DIMINUIR O RITMO E VIVA MELHOR

Esse exemplo é paradigmático: os progressos técnicos deveriam ter nos deixado tempo, ter nos dado tempo, ter nos feito ganhar tempo. Mas nós fizemos a escolha – em todo caso, fizeram-na por outros e por nós – de utilizar esses ganhos de tempo para fazer deles ganhos de produtividade. Não "ir mais rápido para fazer tanto quanto em menos tempo", mas antes "ir mais rápido para fazer mais no mesmo tempo".

Em outras palavras, esse tempo ganho, nós não o gastamos. Nós o investimos para obter mais capacidade de produção.

Mas há também um segundo elemento igualmente importante, mas menos visível, uma mudança cultural: a injunção moral, recente na história da humanidade, de termos de preencher nossa vida. O desenvolvimento do individualismo torna o sujeito contabilista do sucesso ou do fracasso de sua vida segundo critérios normativos de sucesso. Devemos ter sucesso em nossos estudos, o que passa por etapas de excelência das mais competitivas. Devemos ter sucesso em nossa vida profissional, o que passa pelo *status* de executivo ou de empreendedor. Devemos ter sucesso em nossa vida familiar, o que passa por ter esposa, marido, amante, crianças que levamos ao esporte, à dança, ao teatro, aos avós que visitamos. Devemos ter sucesso em nossos lazeres, o que implica viajar, visitar templos de países descobertos e museus, aprender línguas estrangeiras. Devemos ter sucesso em nossa vida cultural, que significa ler livros que estão na moda, escutar músicas que estão na moda, ver exposições que estão na moda. Devemos nos preocupar com nosso corpo, o que significa nos alimentar bem, fazer esportes e *shiatsu*. Devemos ter sucesso em nossa vida espiritual, o que significa ir à igreja, à sinagoga, ao templo ou à mesquita, ler filósofos ocidentais e orientais. Devemos ter sucesso em nossa vida militante, o que significa ter um engajamento sindical, político ou associativo.

Em suma, precisamos preencher, encher cada momento de nossas vidas até quase transbordar, sob a pena de perdê-las. Para além das inovações técnicas, esta é a outra grande causa da aceleração. E para alcançar esses novos imperativos categóricos da bulimia cognitiva, existe, portanto, somente uma solução: acelerar a vida. Há, então, uma densificação, uma intensificação do tempo de trabalho, com o objetivo de efetuar mais ações em uma mesma unidade de tempo.

Nós vemos nessa aceleração uma forma particular, prática, de uma das patologias da liberdade descritas por A. Honneth,[4] uma saturação incontrolada de eticidade, essa articulação de ética entre um indivíduo e a população da qual ele faz parte.

Nós estamos, portanto, coletiva e normativamente submetidos a uma curva de aceleração[5] de nossas vidas. Esses novos imperativos categóricos, longe de libertar o indivíduo, o alienam e o obrigam a fazer culto à *performance* que pode levá-lo à depressão nervosa.[6]

Desacelerações

Diante desse fenômeno global, podemos observar várias reações ou acontecimentos induzindo uma desaceleração. Nós seguiremos H. Rosa em sua classificação.

UMA DESACELERAÇÃO ESTRUTURAL

Há uma obrigação ou um objetivo final de diminuir o ritmo de vida. Isso acontece, por exemplo, em caso de doença, deficiência – própria ou de alguém próximo – ou no momento de luto. Ela pode ser momentânea, como um luto que se supera; ou permanente, como uma deficiência definitiva (hemiplegia, cegueira, etc.), que pode não ser inteiramente compensada.

É também a escolha de uma reformulação existencial, por vezes, na sequência de um dos acidentes mencionados acima. Decide-se mudar de vida, renunciar a uma carreira por um estilo de vida mais calmo, mais lento. Os discursos, as filosofias do decrescimento entram nessa categoria. Vemos aqui, além disso, mais uma vez a ligação entre produção, produtividade e velocidade.

---

[4]   Axel Honneth, *Les pathologies de la liberté* (Paris: La Découverte, 2008).

[5]   Harmut Rosa, *Accélération: une critique sociale du temps* (Paris: La Découverte, 2010).

[6]   Alain Ehrenberg, *Le culte de la performance* (Paris: Pluriel, 1996).

UMA DESACELERAÇÃO CONSEQUENCIAL

São as desacelerações não desejadas, ou heterotélicas, de outras evoluções, por vezes, que se tornam consequência de outras acelerações.

Exemplo técnico: os engarrafamentos. De um lado, inventamos e utilizamos os carros para irmos mais rápido, mas o fato de que todo mundo o faça provoca diminuições de ritmo.

Exemplo psíquico: a depressão nervosa de *burnout*, consequência de sobrecarga profissional, dessa aceleração de tempos profissionais, em particular com o deslocamento do tempo-trabalho apontado em gestão de projetos. A depressão é uma patologia do tempo, e o estresse provém de uma pressão temporal aumentada.

Com relação à massa, o desemprego é em parte uma patologia oriunda da incapacidade de certos indivíduos em absorver as inovações técnicas, as modificações de ritmo que se tornam obrigatórias pela evolução da competição econômica globalizada. Uma vez que um sujeito, ou o sistema no qual ele evolui, não chega a se adaptar às evoluções, ele é parado, impedido. E essa parada é vivida como uma desclassificação social. Se não estamos ativos, dinâmicos, se estamos passivos, então somos desconsiderados. Tornamo-nos uma carga, com a noção de inércia que vem atrelada a ela. Movimento, rapidez *versus* estagnação, peso, carga.

UMA DESACELERAÇÃO INSTRUMENTAL

Desaceleramos conjunturalmente em um espaço-tempo particular, mas para arrancar outra vez e melhor. A desaceleração é pensada como um meio para poder continuar a acelerar a longo prazo. Essa desaceleração instrumental é, portanto, uma estratégia de aceleração. Assim, muitas vezes, algumas pessoas – tomadas em suas vidas sob uma pressão temporal – dedicam, apesar de tudo, algumas horas por semana ao ioga ou alguns dias por ano para ir "recarregar energias" em um monastério.

Desse modo, na biografia de um sujeito, curvas normativas de aceleração podem encontrar eventos ou táticas de desaceleração.

Das patologias da modernidade em geral e da identidade em particular

A alienação pela aceleração dos tempos sociais merece ser pensada e levada em conta. A aceleração traz a questão do sentido. Poder ir rápido, cada vez mais rápido, mas por quê? Para produzir mais e para manter a competição da competitividade, que seja. Mas quais são as consequências?

A ameaça da aceleração dos tempos sociais pesa sobre nossa capacidade individual de estruturar nossa identidade.

Para o bem ou para o mal, nossa identidade é tanto mais forte porque é plurigeracional, ou seja, porque aquilo sobre o que nós nos apoiamos para nos definir vem de algo que está além de nós e continua depois de nós. A partir de então, estamos impingidos a reestruturar nossas identidades – particularmente profissionais e, portanto, em parte sociais – de forma intrageracional; devemos mudar de vida no interior de nossas vidas. Submetido a essas pressões, o sujeito não sabe mais o que ele é, sobre qual permanência e estrutura ele deve se apoiar.

Nos anos 1970, o debate nos meios intelectuais se fazia entre aqueles que pensavam uma sociedade em mutação, em transformação (Alain Touraine e os seus), e aqueles que, como Pierre Bourdieu, viam mais as inércias sociais, a reprodução das ordens sociais por detrás da diversidade das maquiagens do momento. Para dizê-lo em uma formulação célebre do personagem Tancredi no romance *Le Guépard*, de Giuseppe Tomasi di Lampedusa, "é preciso que tudo mude para que nada mude".

De um lado, aceleração social, mas do outro, estabilidade, até mesmo petrificação cultural, para retomar as palavras de H. Rosa.

Os dois não são contraditórios: as consequências e as reações culturais dessa aceleração dos tempos sociais seriam uma petrificação cultural. Para enfrentar uma evolução que nos escaparia, estabilizar-se-iam exagerando alguns elementos de nossa identidade, tanto a nível macro, civilizacional, quanto a nível micro, por um sentimento que as pessoas podem ter de perder sua identidade, suas raízes.

A nível macro, a aceleração dos tempos sociais se mistura ao sentimento de confusão cultural e, portanto, moral. É o famoso "cair fora" e rápido! Reação, reacionária, é preciso voltar atrás, é o "retorno a". Petrificação cultural para compensar a aceleração social.

A nível pessoal, a individualização provoca uma temporalização da vida. O sujeito vê sua vida como um projeto que ele deve organizar no tempo. A individualização transfere uma responsabilidade crescente no agenciamento de nossas existências.

Identidade: projeto/projetar. Norbert Elias tem razão em observar que nós vivemos no constrangimento da visão a longo prazo.

Nós estamos em sociedades liberais que formulam a hipótese de nossa capacidade de escolha: encontrar o seu próprio lugar no mundo, escolher uma profissão, fundar sua família, decidir sua orientação política.

Mas, a fim de ser reativos, nós fluidificamos nossa identidade pessoal estável em proveito de projetos pessoais abertos, muitas vezes fragmentários e fundados na experimentação. Essa transformação dos modelos de identidade provoca uma aceleração das sequências identitárias. E é aqui que pode haver um paradoxo tóxico, nessa identidade adaptativa reacional.

O que é a identidade? É aquilo que confere ao sujeito sua coerência e sua continuidade por meio de contextos que mudam. Nesse caso, uma identidade adaptativa, reacional, torna-se uma contradição de termos.

Diante dessa fragilização identitária, há fatores estabilizantes. Lugares, meios, objetos, seres dos quais se pode ter a impressão de que eles mudam menos rápido que nós e, portanto, nos tranquilizam, nos estabilizam, nos enraízam.

Eles podem tornar-se sustentáculos, forças centrípetas que oferecem um quadro no sentido material do termo, alguma coisa que nos impede de transbordar. Nos períodos de reorganização pessoal que se tornam cada vez menos períodos e cada vez mais o fundo de nosso funcionamento, eles são a força magnética que mantém unido nosso ser-mosaico.

Mas esses polos não podem nos manter coagulados por um longo prazo a não ser que nós diminuamos o ritmo do conjunto das atividades, das práticas que nos constituem. Este é o cerne das análises e das estratégias apresentadas neste livro.

Conclusão

Paul Virilio apoia-se na categoria de Aristóteles: Substância *versus* Acidente. E ele considera que no seio de nossa identidade tardia, o efêmero tornou-se necessário, enquanto a substância tornou-se um epifenômeno. A identidade como projeto orientado para a estabilidade parece anacrônico e fadado ao fracasso enquanto as identidades flexíveis e dispostas à mudança são sistematicamente favorecidas.

A velocidade de reatividade torna-se uma qualidade cardeal. Ora, qual o lugar que se pode deixar para o espírito crítico em um modelo que incentiva a velocidade? E sem espírito crítico, qual o lugar para a autonomia?

Viver sob o império da aceleração provoca uma reificação de nossas ações, valorizando-as menos sob o ângulo de seus resultados que sob o ângulo de sua execução. A substância recua diante da frequência.

Diminuir o ritmo não é necessariamente uma estratégia da preguiça. A diminuição de ritmo também é uma ferramenta de controle e, portanto, de autonomia; uma ferramenta de análise e, portanto, de *performance*; uma ferramenta de racionalização e, portanto, de programação.

≡ Introdução

Para o jornalista canadense Carl Honoré, a revelação se fez em um aeroporto. Um lugar que está longe de ser anódino, já que se trata de uma engrenagem essencial da globalização. Naquele dia, na sala de espera, o jornalista se deu conta de que ele não sabia mais ter paciência. Ele se pôs, então, a refletir sobre a noção do tempo, sobre o culto à velocidade, a essa propensão contemporânea em efetuar várias tarefas ao mesmo tempo e o estresse ocasionado pela acumulação desses comportamentos impetuosos. Fruto dessas considerações, seu livro *Éloge de la lenteur* apresenta-se como um manual para retomar o controle de nossas vidas e uma viagem ao centro da galáxia Slow.

Temos de reconhecer que nossos ritmos de vida sofreram mudanças significativas nas últimas décadas. As novas tecnologias nos tornaram contatáveis 24 horas por dia, criando interferências entre vida privada e vida profissional. As evoluções técnicas associadas aos modos e à publicidade provocam uma necessidade de renovação muito rápida de nossos aparelhos. Dia tradicional de repouso, o domingo é cada vez mais dedicado a outras atividades, como fazer compras. No mundo profissional, a gestão por objetivo implica uma série de *deadlines* apertados que devem ser respeitados. Além disso, a globalização observada com muito receio pela maioria dos indivíduos acentua a competição e provoca um sentimento geral de uma aceleração difusa diante da qual muitas pessoas se sentem inadaptadas ou obsoletas.

Como Carl Honoré, inúmeras personalidades pelo mundo acreditam que nós ultrapassamos o limiar em que a aceleração, por muito tempo assimilada ao progresso e ao bem-estar, torna-se tóxica à imagem desses ativos que fizeram chancelar o sistema bancário em 2008. Cada um em seu campo de ação, eles fundaram associações, correntes de pensamento ou de filosofias que se encontram no seio da grande nebulosa Slow. O peso e o tamanho desses movimentos variam muito: do Slow Food, uma organização internacional que reúne milhares de membros, à Slow Art, uma forma de arte defendida por alguns críticos, as diferenças de escala são enormes. Mas o que impressiona é a proliferação dessas esferas de influência, que fazem deles um verdadeiro fenômeno movido, para além das especificidades ligadas a cada disciplina, por uma mesma constatação crítica e proposições similares.

Este livro tem por objetivo estudar a emergência dessa nebulosa, colocar esses movimentos em seu contexto, verificar sua pertinência e seus possíveis impactos sobre nossas sociedades. Até aqui, a literatura sobre o assunto provinha diretamente desses segmentos Slow, ou então tratava desses movimentos somente de maneira isolada, geralmente sob a forma de artigo. Pareceu-nos necessário, mais de vinte anos depois da aparição do conceito Slow, oferecer ao público um ensaio crítico que considera essas correntes em sua globalidade, sem preconceito nem glorificação excessiva. Nós desejamos também mostrar que esses movimentos vão além do efeito de moda, mesmo que por vezes se observe um uso de marketing do termo Slow. Esse fenômeno de deturpação e de dissolução que espreita toda nova ideia pode ser observado nos comentários às vezes redutores das mídias, mas também na criação de grupos marginais ou superficiais que confundem a mensagem original surfando nessa nova onda.

Nós deliberadamente optamos por falar de forma detalhada somente sobre movimentos que oferecem uma base de reflexão interessante e não utilizam o epíteto Slow para vender sabão... Para cada movimento, fizemos uma pesquisa histórica, atentamos para suas bases teóricas e ideológicas, bem como para as questões sociais que estão em jogo e pelas quais eles lutam. A ideia deste livro é, portanto, expor a visão de mundo defendida por esses movimentos.

INTRODUÇÃO ::

Antes de mais nada, tratemos de definir o conceito Slow que nem sempre exprime uma ideia de lentidão, pelo menos não como o senso comum o concebe. Inaugurado pelo Slow Food em reação à cultura do *fast-food*, o termo claramente possui uma forte carga simbólica, por isso o seu sucesso. Ele marca uma vontade de resistir à cultura do *feito em um instante, malfeito* e do *é pra já, agora mesmo*. Entretanto, para além do nome, os movimentos Slow muitas vezes não militam pela lentidão em si, mas por uma forma de existência que deixa de se preocupar unicamente com o curto prazo. Em outras palavras, eles são defensores de práticas e de uma forma de desenvolvimento sustentável. Viver e pensar Slow é harmonizar seu estilo de vida com os ritmos naturais, estar sensível às estações, retomar a consciência das distâncias, desenvolver um conhecimento dos produtos e do meio ambiente no qual se vive.

Os movimentos Slow se opõem, desse modo, em parte à dominação prometeica do homem sobre a natureza. É diante da agroindústria, capaz hoje de fazer crescer legumes longe do sol, de modificar a estrutura genética dos vegetais ou de recriar todo tipo de aroma pela química, que essa crítica se expressa da maneira mais resolvida. Slow Food constata que a agricultura industrial mudou completamente a relação com a terra e a produção. Hoje, os agricultores dependem significativamente de multinacionais que lhes fornecem as sementes, os fertilizantes e os substratos. Da mesma forma que um usuário de novas tecnologias perdeu toda capacidade de adaptar suas ferramentas às suas necessidades ou de repará-las em caso de pane, os agricultores perderam o domínio do processo de produção que se tornou muito abstrato e técnico. Tudo parece acontecer desde então à escala molecular dos laboratórios de pesquisa, mais do que ao nível do solo. Essa evolução tem uma influência concreta sobre os produtos que nós comemos: Slow Food recrimina em primeiro lugar sua padronização e a ausência de sabor. A outra consequência nefasta dessa industrialização da agricultura diz respeito ao planeta, suas fontes e seus biótipos. Os pesticidas e os fertilizantes provocam poluição, erosão dos solos e uma diminuição da biodiversidade.

Para os movimentos Slow, essa situação está ligada ao nosso modelo de sociedade fundamentado no neoliberalismo, na financeiri-

:: DESACELERE • OUSE DIMINUIR O RITMO E VIVA MELHOR

zação, na globalização e na cultura de massa. A busca por uma maximização do lucro individual aumentou efetivamente a riqueza comum, mas em detrimento do meio ambiente. Deixando de lado o que ela chama de externalidades negativas, a ciência econômica clássica não levou em conta os desgastes que a atividade econômica causou ao meio ambiente. Os inúmeros relatórios sobre a rarefação dos recursos, em primeiro lugar do petróleo, sobre os custos do aquecimento climático ou sobre a devastação de certos ecossistemas permitiram, recentemente, estabelecer algumas normas e taxas que tentam internalizar esses danos ao processo econômico. Pensemos, por exemplo, no centavo climático acrescido sobre o combustível na Suíça, que alimenta um fundo pela defesa do clima.

Nós vivemos, contudo, na era da obsolescência programada. Nossas ferramentas são concebidas para durarem apenas um tempo determinado, a fim de que sejam substituídas por novos aparelhos e que o consumo faça girar a máquina econômica. Essa corrida em direção ao crescimento imprime sua marca sobre os homens que estão submetidos a ritmos e objetivos sempre mais elevados visando aumentar a produtividade e satisfazer os acionistas das empresas. Constata-se isso nos locais de trabalho, onde o termo *burnout* difundiu-se no intervalo de algumas décadas. Mesmo as relações íntimas como a sexualidade parecem estar submissas ao *diktat* da *performance*. Debaixo das cobertas, a formatação e os esquemas herdados do pornô substituem o jogo, a busca de prazer em comum e a criatividade que conduz ao verdadeiro bem-estar.

Os movimentos Slow militam contra tudo o que eles associam ao hiperconsumo, à padronização e à aceleração. Essa posição os coloca em contradição com a racionalidade econômica liberal que leva à acumulação de bens e de riquezas. Nesse sentido, eles estão próximos de uma série de outros movimentos que lutam pelo *desconsumo*. Entre estes, os mais conhecidos certamente são os movimentos pelo decrescimento conduzidos por figuras como os economistas Nicholas Georgescu-Roegen e Serge Latouche, o epistemólogo Jacques Grinevald ou o cientista político Paul Ariès. Esse decrescimento desenvolveu uma reflexão econômica, política e social que defende uma alternativa urgente ao petróleo, o fim das viagens longínquas, um modo de vida frugal, a autossuficiência e, de modo geral, uma diminuição de ritmo da atividade econômica. Para alguns pensadores mais radicais do decrescimento despontam por vezes traços anti-humanistas. Sua defesa ardente de Gaia, uma alegoria da Terra-Mãe, os leva com efeito a reduzir o homem a uma criatura como as outras, que não tem mais direito de sobreviver do que outra espécie. Catastrofista, o movimento decrescente estima que um desastre ecológico nos espera e que é urgente modificar radicalmente nossos modos de vida para atenuar as consequências disso. Sem reação imediata, eles esperam sofrer uma desaceleração econômica, o que provocaria guerras pelos recursos e consideráveis deslocamentos de populações em razão da mudança climática.

Os movimentos Slow se afastam dessa visão alarmista em muitos aspectos. Primeiramente, por causa de sua estrutura fragmentada, eles agem de maneira setorial sobre assuntos específicos, como comida, investimento ou turismo. Nenhum deles reclama uma mudança global e não há hoje uma entidade geral que federa as ações de cada movimento. Além disso, essas nebulosas não adotam uma posição clara que condene a economia de mercado. Sua reivindicação os leva mais a defender o desenvolvimento sustentável e a qualidade de vida. O princípio de prazer aparece no coração de sua filosofia. De acordo com eles, há no justo tempo concordado para cada coisa, no consumo consciente de alimentos que foram produzidos com respeito ao meio ambiente e na construção de edifícios realmente sustentáveis de um ponto de vista ecológico e social uma maneira de se reapropriar de sua existência que é fonte de felicidade. É por meio de uma defesa da diversidade, do encontro, da troca, da preservação do patrimônio e de um desenvolvimento pensado que os movimentos Slow imaginam uma saída favorável para nossas sociedades. No sentido inverso, os movimentos decrescentes não acreditam que o modelo econômico atual possa fornecer respostas à crise ecológica. Para eles, o crescimento verde é uma ilusão, uma contradição de termos: o crescimento, por essência, seria demasiado voraz em recursos e deve ser abandonado para salvar o planeta.

Não violenta e reformista, mais do que revoltada, a filosofia Slow pode mostrar-se como uma forma de código moral para uso do século XXI. Ela defende um valor que atravessa nossa civilização desde suas origens: o da moderação. Esse valor de origem grega – nós o veremos mais adiante –, central na teologia cristã, partiu em retirada desde que o liberalismo capitalista passou a dominar nossas sociedades. Ao contrário, essa filosofia do capitalismo vê no enriquecimento pessoal e na ganância uma virtude útil para a sociedade, pois, pela graça do mercado, os lucros individuais se conjugam e se harmonizam a fim de criar a opulência geral. O liberalismo clássico acreditava até mesmo que a felicidade cresceria no mesmo ritmo que a riqueza. Pesquisas desenvolvidas pela Organização para a Cooperação e Desenvolvimento Econômico (OCDE) desde os anos 1960 mostram que, apesar do aumento do nível de vida, a felicidade não cresceu nas mesmas proporções. Ao contrário, esta teria ficado estável, o que coloca em questão a ideia de reciprocidade adiantada pelo liberalismo. Ademais, admissível quando o mundo era pouco povoado, as áreas disponíveis e os recursos naturais abundantes, o dogma liberal volta a ser questionado seriamente, como uma fonte de depredação, de desperdício e de atentados diversos ao meio ambiente. É assim que a ideia de frugalidade reaparece em diversos cenáculos e de maneira totalmente explícita no interior da galáxia Slow.

O valor de moderação extrai suas raízes da tradição grega. O orgulho ou a desmedida das ações, que resume o substantivo *hybris*, raiz grega da palavra ebriedade, foram explicitamente reprovados. Ultrapassar certos limites simbólicos é querer sair de sua condição humana e, portanto, desafiar os deuses. Quando Prometeu rouba o fogo de Zeus para fazer dele um atributo humano, ele transgride esses limites. O castigo do qual ele é vítima ensina que as paixões não reprimidas violam uma ordem e uma harmonia que os homens devem respeitar. As narrativas que contam os grandes feitos de heróis gregos punidos pelos deuses têm, portanto, uma intenção moral. Pode-se por conseguinte associar a *hybris* a uma forma de pecado antes da invenção desse conceito cristão.

A filosofia grega não deixará de colocar em destaque a virtude da moderação e de se levantar contra os excessos. Aristóteles, por exemplo, evoca a noção análoga de temperança, que consiste também em evitar a insensibilidade escutando seus desejos sem chegar a se corromper. Epicuro argumenta em prol de uma busca exclusiva dos prazeres naturais e necessários que asseguram uma tranquilidade da alma. Assim, uma vida feliz se funda na moderação dos prazeres, na busca do meio-termo. Na *Carta a Meneceu*, ele explica: "Uma vida simples e modesta é portanto uma boa forma de cuidar da sua saúde e torna o homem ainda mais corajoso para suportar as tarefas que ele deve necessariamente realizar em sua vida". Mas estes são estoicismos que insistiram mais vigorosamente na virtude da moderação. A posição de Sêneca sobre a riqueza é muito clara: "A melhor medida da riqueza é não cair na pobreza nem dela afastar-se totalmente". Trata-se, portanto, de levar uma vida mais simples e frugal, de se abster o máximo possível dos desejos a fim de se conseguir uma forma de tranquilidade e de alcançar a sabedoria.

As religiões atuais alimentaram-se significativamente da tradição grega. Para os muçulmanos, o fiel não deve ultrapassar os limites fixados por Alá e deve levar uma vida que segue os preceitos do Profeta. Para os cristãos, a prudência contra os sete pecados capitais luta contra os excessos associados ao mal. A vida eremita, a ascese e as privações de todas as ordens estão no coração dessas religiões que pregam o jejum ou os domingos consagrados ao Senhor e à vida interior. A teologia visa desvincular os indivíduos dos bens materiais e das paixões excessivas. A moderação abre o caminho à harmonia social, à fraternidade entre os homens e, por extensão, à porta do paraíso. O caminho do meio do budismo é uma outra expressão religiosa da moderação. Depois de duas experiências de excesso, uma material, quando ele vive em um palácio, e outra de privação que o leva quase à morte, Buda alcança o nirvana. Essa iluminação o faz compreender que a sabedoria se encontra em um caminho do meio que evita tanto a luxúria quanto a ascese. Essa ideia de que uma "vida boa" anda de mãos dadas com uma busca de prazeres moderada é o que claramente anima os movimentos Slow. Carlo Petrini, o presidente do Slow Food, viveu, aliás, uma experiência próxima à de Buda, quando teve problemas de fígado. Exortado a moderar seu consumo alimentar e a não mais ingerir bebidas alcoólicas, ele tomou consciência de novas alegrias:

> De fato minha sensorialidade se tornou ainda mais aguçada e apta
> a discernir as nuances. Eu definitivamente ultrapassei a fronteira
> entre hoje e o período de minha vida no qual senti muito prazer
> no plano alimentar, até mesmo um pouco demais, perdendo de
> vista em alguns casos o verdadeiro sentido do prazer do gosto,
> dando, na verdade, razão àqueles que consideram que o prazer e
> a saúde são antagonistas. Em contrapartida, eu compreendi que
> esse antagonismo não existe: tudo é uma questão de treino e de
> moderação, de senso dos limites.[1]

Encontra-se igualmente na filosofia Slow uma desconfiança para com a indústria e os progressos tecnológicos. Eles compartilham essa característica com inúmeros movimentos de contestação e pensadores do passado. Berço da Revolução Industrial, a Inglaterra também foi terreno de uma importante resistência diante das evoluções técnicas. Esse combate se cristalizou por vezes de maneira violenta como na ocasião da revolta ludista, um movimento de protesto conduzido por um certo Ned Ludd, cuja existência permanece questionável.

A chegada dos teares mecânicos no ramo têxtil aguçara o ressentimento dos tosadores e dos fiandeiros manuais que se encontravam privados de trabalho ou eram empregados por tarifas menores. No auge do movimento, em 1811 e 1812, artesãos de Yorkshire e de Lancashire organizam operações de comando a fim de destruir teares nas fábricas. Durante 1812, essas ações violentas se transformam até mesmo em um começo de revolução: os ludistas passam efetivamente a coletar armas com o objetivo de depor o governo. Somente depois de uma repressão pesada das autoridades contrabalançada por um aumento dos salários é que a revolta se acalma.

Algumas décadas mais tarde, a defesa do artesanato encontra novo impulso na Inglaterra graças à figura de William Morris (1834-1896). Esse artista de múltiplas facetas, célebre sobretudo por seus móveis e seus papéis de parede feitos à mão, é o líder do movimento Arts & Crafts junto a John Ruskin. Esses dois homens vão se apresentar como

---

[1] Carlo Petrini, *Bon, propre et juste* (Gap: Yves Michel, 2006).

INTRODUÇÃO ::

porta-vozes das artes decorativas que estavam em completo abandono desde a Revolução Industrial: de má qualidade, o mobiliário de então era feito somente em séries padronizadas. William Morris vai extrair daí um ódio ao capitalismo: "O que mais ofendia a sensibilidade de William Morris era a feiura de todas as coisas. Porque o capitalismo produz apenas *ersatz*, batizado de 'barato' pelos mercantes aproveitadores, ele passa a ter horror de um sistema como tal".[2] A beleza à qual ele aspira só poderia nascer da mão do homem, e não de máquinas associadas a um sistema ganancioso. É assim, desenvolvendo uma carreira de artista e de artesão, que ele se engaja na via socialista. Ele considera a arte como um instrumento da emancipação proletária. Seus gostos pelo feito à mão o levam a se apaixonar pela estética medieval que influencia o movimento pré-rafaelita do qual ele é uma das principais figuras. Ele se torna assim um dos pioneiros da conservação do patrimônio por meio da criação da Sociedade pela Proteção dos Monumentos Antigos. No âmbito político, ele desempenha um papel importante nas lutas das organizações socialistas dos anos 1870 até a sua morte ao lado de Friedrich Engels, apesar de uma adesão pouco marcada da classe operária ao sonho revolucionário, em razão de salários relativamente corretos.

A luta de William Morris contra a padronização e a industrialização deixou mais marcas na história. Ele escreve e realiza conferências para se insurgir contra a construção em série de casas uniformizadas, o massacre de áreas campestres, o desmatamento ou a fumaça das usinas que envenenam o ar. Esse apaixonado pelo campo aparece, assim, como um militante ecologista visionário. De acordo com Morris, a arte passava pela mesma decadência. Ele execra o estilo vitoriano plano e mecânico, o uso do aço e de outros materiais industriais e estima que, pelo contrário, é preciso voltar a uma forma de simplicidade na escolha de materiais e às técnicas tradicionais. Além disso, a arte deve ser uma questão para cada indivíduo, é um meio de sublimar o ser humano, enquanto o trabalho assalariado nas fábricas apenas o subjuga.

---

[2] Robert Camoin, *Art, littérature, socialisme et utopie chez William Morris* (Arles: Sulliver, 2001).

:: DESACELERE • OUSE DIMINUIR O RITMO E VIVA MELHOR

Essas teorias que renovaram a arte e deram outro fôlego ao artesanato inglês coincidem em inúmeros pontos com as dos movimentos Slow, que também veem no capitalismo, segundo sua acepção neoliberal, o catalisador de um sistema produtivo unicamente orientado para o lucro, que não leva em conta as verdadeiras necessidades dos seres humanos e que, ademais, consome os recursos do planeta. Como para Morris, a solução seria sair das lógicas puramente industriais e voltar às técnicas tradicionais, sem necessariamente ir até o feito à mão, mas que tenham uma dimensão sustentável.

Encontramos no século XX uma série de pensadores e de movimentos que defendem teses anti-industriais. As contraculturas dos anos 1960 e 1970 voltam-se em parte à natureza e à terra. É então que se desenvolvem a corrente orgânica e a vontade de autonomia para se fazer tudo por si mesmo e assim não mais depender da sociedade de consumo. As primeiras manifestações pela preservação do meio ambiente remontam igualmente a essa época.

Um pensador ecologista como o austríaco Ivan Illich (1926-2002), cujos escritos ganham influência em nossos dias, desenvolve o conceito de ferramentas para o convívio que ele opõe às máquinas. Trata-se, em geral, de instrumentos simples que permitem diversos usos e desvios. O homem não tem mais um papel servil como com uma máquina, mas modula sua ferramenta com uma atitude criativa. Deve-se a ele também a ideia de monopólio radical que critica os meios técnicos demasiado eficazes, pois eles matam outros meios mais lentos, por exemplo, as autoestradas que fazem perder toda a competitividade com a caminhada, enquanto esta tem por vantagem não poluir e promete uma forma de prazer do trajeto diferente.

Fruto dessas diferentes experiências e dessas contribuições teóricas, os movimentos Slow também devem muito à figura de Carlo Petrini. Além da presidência do Slow Food, este italiano de 67 anos cumpre a função de patriarca e de garantia intelectual no universo Slow, tanto por sua presença carismática quanto pela ajuda que oferece aos novos movimentos. Assim, encontramos regularmente sua assinatura em prefácios de livros, manifestos de correntes de pensamento que aumentam às margens do Slow Food. Devemos também a ele uma das orientações mais originais dos movimentos Slow,

INTRODUÇÃO ::

que é o pensamento sistemático, herdeiro do pensamento complexo de Edgar Morin. Para tomar o exemplo mais expressivo, Slow Food constituiu-se em torno da defesa de certos produtos para fins gustativos. Ao longo dos anos, o movimento descobriu que a gastronomia tinha implicações muito mais vastas do que questões puramente de paladar, como a qualidade dos solos, as condições de trabalho dos produtores ou, ainda, a sobrevivência de um comércio varejista. Essas constatações o levaram a elevar a gastronomia ao patamar de ciência que diz respeito a campos como geografia, sociologia, agronomia, história ou economia.

Embora o selo ou rótulo "Slow" se desenvolva em inúmeras direções, o que poderia expressar uma forma de sucesso, é difícil, no entanto, avaliar seu real impacto no momento. Em certos campos, como na pesquisa científica, ele aparece extremamente marginal, e é defendido por personalidades muito pouco escutadas para ter um verdadeiro futuro. No campo da alimentação, onde ele conhece seus principais sucessos, por meio de projetos de grande amplitude, ocupação de prateleiras de supermercados com alguns produtos ou, ainda, a venda triunfante na Itália de inúmeros guias sobre vinhos ou hospedarias, ele conserva uma etiqueta de movimento elitista, reservado aos privilegiados que podem usufruir de uma alimentação de qualidade. O mesmo vale para o turismo, onde parece difícil que uma maioria de indivíduos possa se dar ao luxo de viagens que duram várias semanas. Em áreas como o design e a arquitetura, o selo Slow aparece ainda mais reduzido a ponto de perdurar apenas como um nicho, mais do que um movimento com potencial de renovação profunda das práticas. Ligado a abordagens de pesquisas e à experimentação, alguns desses grupos não parecem suscetíveis a interessar o grande público com sua visão frequentemente complexa e teórica. A federação das energias em uma organização Slow central que representa esses micromovimentos poderia lhe conferir ainda mais peso e tornar as iniciativas discrepantes mais perceptíveis.

Slow Food

AMANTES DE VINHOS PIEMONTESES PRECURSORES DE UM MOVIMENTO INTERNACIONAL

Slow Food é o primeiro movimento com o selo Slow. Seu título icônico e seu combate bastante midiatizado pela gastronomia local inspiraram diversas iniciativas que convidam a retomar o controle do tempo e sobre as quais nós tentamos fazer um levantamento aqui neste livro. Slow Food se diferencia de seus "satélites" por seu desenho mais bem estruturado. O movimento imediatamente se apresentou sob a forma de uma associação, enquanto os movimentos Slow posteriores com frequência se limitam a filosofias de vida e correntes de pensamento, defendidas às vezes apenas por alguns indivíduos.

Implantado em todos os continentes, em 130 países, Slow Food reivindicava cerca de 120 mil adesões no começo do ano 2012. O movimento pertence à liga das grandes associações internacionais, mesmo que permaneça ainda pequeno com relação a uma organização como Greenpeace, que conta com 3 milhões de membros. Sua massa crítica lhe permite, entretanto, conduzir ações nos quatro cantos do mundo e desempenhar um papel político importante, que intervém sobretudo na ocasião de debates sobre a nova Política Agrícola Comum (PAC) em Bruxelas. Ele também colabora estreitamente com a Organização das Nações Unidas para a Alimentação e a Agricultura (FAO).

Em alguns países, como na Itália, a associação conseguiu impor seus temas nos programas de vários partidos políticos tanto de esquerda como de direita. Suas ideias se popularizam e coincidem com outras iniciativas no campo da alimentação pelo mundo, como as AMAP (Associações para a Manutenção de uma Agricultura de Proximidade), que, na França, permitem restabelecer uma ligação entre produtores e consumidores. Mesmo as redes de *fast-food*, bode expiatório do movimento por causa da padronização que elas submeteram aos alimentos, parecem hoje abaladas tanto pelas campanhas governamentais contra a obesidade quanto pela tomada de consciência de nossas sociedades sobre a importância de uma alimentação mais saudável. Ainda que estejam longe de ser modelo de equilíbrio alimentar, as grandes redes internacionais incontestavelmente diversificaram sua oferta para seduzir uma clientela mais exigente. Até mesmo o McDonald's entrou na onda local propondo sanduíches com queijo charolês AOC* em seus estabelecimentos franceses. Alguns restaurantes de *fast-food* também colocam em seus letreiros características alimentares mais marcadas, como as filiais inglesas Prêt à Manger, que vendem sanduíches duplos à base de ingredientes naturais, ou a Chipotle, que se vangloria por se abastecer da agricultura local e propõe uma comida tipicamente mexicana. A rede Starbucks, por sua vez, insiste na proveniência de suas torrefações e propõe um café ético. Não se atribuirá ao Slow Food o único mérito desse progresso, mas seu *lobbying* e o de uma série interminável de outras associações se fazem claramente ouvir por consumidores e poderes públicos de maneira direta e mais difundida.

Evidentemente, ainda estamos longe do mundo "locavore" com o qual sonha o Slow Food, no qual a agricultura seria feita em harmonia com a natureza e os agricultores viveriam dignamente. Algumas regiões do mundo em plena evolução econômica e social, como o Leste Europeu, conhecem baixas brutais de suas tradições gastronômicas e agrícolas. A penetração dos valores da sociedade de consumo e do neoliberalismo nesses países acarretou fenômenos particularmente disruptivos de êxodo rural e de sede de consumir à la ocidental. Entretanto, alguns sinais positivos demonstram que o consumidor toma consciência da importância da diversidade do gosto e de que

---

* *Appellation d'Origine Contrôlée*, o mesmo que Denominação de Origem Controlada (DOC). (N. T.)

seus hábitos alimentares podem tornar os grandes letreiros ao menos um pouco mais nobres, uma crença que está no cerne da filosofia Slow Food.

O sucesso da associação se deve certamente à promoção da noção de direito ao prazer, um valor sedutor em torno do qual o Slow Food construiu uma filosofia mais engajada que compreende a educação para o gosto, a sensibilização às condições de trabalho dos produtores e a defesa da sua atividade. Ele reside também nesse apelo à lembrança das grandes refeições familiares, das receitas da vovó, dos morangos do jardim que despertam a nostalgia daqueles que cortaram seus laços com o campo. Desse modo, é importante observar que a adesão ao Slow Food não se reduz unicamente à militância, mas também comporta uma dose significativa de vontade de prazer.

No curso desses vinte anos de existência, o Slow Food demonstrou um dinamismo e uma criatividade surpreendentes que se revelam por meio de uma infinidade de projetos, como a Arca do Gosto e sua seção *Sentinelles*.* Esse departamento da associação faz o inventário de produtos do patrimônio gastronômico mundial ameaçados pela monocultura – por exemplo, na França, o repolho de Lorient, o *porc noir* de Bigorre ou a *lentille blonde* de Saint-Flour. A associação quer, em um segundo momento, promover esses alimentos lhes oferecendo saídas comerciais.

A cada dois anos, o Slow Food organiza também seu Salão do Gosto em Lingotto, Turim. Essa feira, na qual produtores regionais vendem seus produtos, organizam degustações e participam em painéis de discussão, é a mais importante do setor no mundo. Em cinco dias, ela atrai milhares de visitantes, entre eles consumidores e críticos gastronômicos. A associação também está à origem, em 2004, da primeira Universidade das Ciências Gastronômicas em Bra, no Piemonte.

É justamente nesta pequena cidade da região dos Langhe, no Piemonte, conhecida recentemente por seus curtumes, que esse contrapoder à indústria alimentar nasceu. As premissas remontam

---

* Produtos e projetos de promoção e salvaguarda do patrimônio alimentar e da biodiversidade agrícola. (N. T.)

ao ano de 1980, quando alguns jovens gourmets se reuniram nessa cidade de província para fundar a "Livre Associação dos Amigos do Barolo". O Barolo é um vinho famoso, originário da localidade de mesmo nome, que se encontrava sobretudo à mesa de Luís XIV ao lado de garrafas de Bourgogne e de Bordeaux. Um produto típico de *terroir* composto por uma cepa local chamada Nebbiolo, nome que faz referência à bruma que envolve frequentemente as encostas sobre as quais as vinhas são plantadas. O Nebbiolo produz um vinho característico: profundo, tânico, que se pode facilmente deixar envelhecer por 40 ou 50 anos. Contrariamente à França, que desde cedo faz etiquetar seus vinhos com denominações e selos, a Itália dos anos 1970 não se preocupa muito em defender e promover seus *crus* mais gloriosos. As produções privilegiam a quantidade sobre a qualidade. Fraudes retumbantes mancham, então, a reputação dos viticultores transalpinos. Uma crise sanitária estoura em 1986, causando a morte de dezenove pessoas por causa do acréscimo de metanol em seus vinhos por um produtor.

A "Livre Associação dos Amigos do Barolo" vai trabalhar na redescoberta dessa cepa única e na preservação da tradição do vinho italiano. Jovens, dinâmicos e anticonformistas, seus membros se proclamam *bons vivants* que querem compartilhar seu gosto pelo vinho e pela boa comida. A associação organiza cursos de degustação pouco comuns à época e criam uma cooperativa que faz a promoção do turismo enogastronômico e da venda do vinho. Ela é controlada pela Associação Recreativa e Cultural Italiana (Arci), a rede de associação cultural comunista que cobre toda a Itália. Essa proximidade com uma esfera de influência nacional vai oferecer intermediários e contatos para a jovem associação além da região do Piemonte. Os Amigos do Barolo começam a viajar pelos mercados da península e ampliam sua ação a outros produtos enogastronômicos.

A fundação, em 1986, da Associação Arcigola, assim como parte de seu nome indica Arci, traduz essa vontade de não ser mais apenas uma associação enológica. O termo "gola" remete à revista gastronômica de vanguarda *La Gola*, à qual estão ligados vários membros fundadores. Por sua defesa de uma abordagem filosófica, sociológica e literária da cultura enogastronômica, essa publicação dá o tom da Arcigola. Rapidamente a associação conhece o sucesso, passando de 500 membros a 8 mil em menos de três anos. O crítico gastronômico e sociólogo piemontês Carlo Petrini assume a presidência da associação.

Quando as mídias evocam a gênese do Slow Food, elas citam a manifestação de julho de 1986 contra a abertura de um estabelecimento do McDonald's na Praça da Espanha, em Roma, como o momento fundador do movimento. Trata-se, na verdade, de um atalho um pouco apressado, pois a maioria dos elementos constitutivos da filosofia Slow Food precedem o famoso acontecimento. Entretanto, é nesse dia que aparece pela primeira vez a expressão Slow Food, levantada como um *slogan* em forma de deboche contra o *fast-food*. Personalidades de todos os horizontes, entre elas celebridades como o ator Marcello Mastroianni, participam da manifestação na Praça da Espanha. Faixas catastrofistas anunciam "a morte da cozinha italiana". Alguns *arcigolosi* fazem parte disso. Por conseguinte, a associação vai dirigir seu combate contra o papel que ela julga nefasto da indústria agroalimentar. "Nessa ocasião, nós compreendemos que para defender produtos bons, limpos e justos, era preciso defender os produtores",[1] explica Carlo Petrini. A associação adota oficialmente o vocábulo Slow Food como novo nome em 1989, quando da assinatura do Manifesto Slow Food em Paris, uma cidade que os fundadores reconhecem então como a capital incontestável da gastronomia.

No Teatro Nacional da Opéra-Comique – não muito longe do endereço onde viveu o gastrônomo Anthelme Brillat-Savarin, cuja arte de comer inspira o movimento – tem lugar o acontecimento que homologa a criação de Slow Food International. Delegados de quinze países assinam o manifesto redigido pelo poeta italiano Folco Portinari. A associação também toma como emblema o caracol (*escargot*), ao mesmo tempo símbolo de lentidão e prato da cozinha borgonhesa que faz salivarem os gourmets.

---

[1] Carlo Petrini, *Bon, propre et juste*, cit.

:: DESACELERE • OUSE DIMINUIR O RITMO E VIVA MELHOR

Ainda assim, a lentidão permanecerá um valor secundário na atividade de Slow Food, que, bem verdade, defende as noções de convivialidade, as tradições da mesa e o respeito aos ciclos naturais, mas jamais vai lutar, por exemplo, para reintroduzir as longas refeições com inúmeros pratos do passado como por vezes foi dito ou compreendido.

Depois dessa assinatura, Slow Food inaugura suas primeiras associações nacionais, na Alemanha, em 1992, depois na Suíça em 1993. Seguirão em ordem cronológica Estados Unidos, França, Japão e Reino Unido. A associação italiana lança em 1990 a Slow Food Editore, que publica, entre outros livros, um guia anual das melhores *osterias* da Itália e o popular guia *Slow Wine*. Em 1994, o Slow Food organiza a Milano Gulosa, uma prévia do primeiro Salão do Gosto de Turim, em 1996. A eles vem se juntar uma série de manifestações de tamanhos diversos, como os salões Cheese ou Slow Fish, na Itália, mas também fora da "bota", como os Salões do Gosto de São Francisco a Yokohama. O ano de 2004 marca uma mudança importante para o Slow Food, que se desdobra criando a rede Terra Madre. Enquanto Slow Food reúne amantes de comida, Terra Madre agrega profissionais da agricultura e da gastronomia, divididos em "comunidades da alimentação" no mundo inteiro. Elas constituem uma nova alavanca que permite ao Slow Food tomar uma dimensão mais política.

O papa do Slow Food

Com seus olhos risonhos, sua barba grisalha e seu dialeto piemontês truculento, Carlo Petrini lembra ao mesmo tempo um patriarca italiano à la Vittorio Gassman e um acadêmico humanista de alto escalão à la Umberto Eco. Por todo o mundo, ele representa o rosto e a voz do Slow Food, assumindo com carisma a função de presidente da associação internacional desde sua criação. Em suas inúmeras apresentações públicas, ele geralmente é ovacionado por uma plateia que clama seu apelido: "Carlin!", "Carlin!", "Carlin!".

Nascido em Bra em 1949, desenvolveu nos anos 1970 a atividade de vereador em sua cidade de origem em um partido dissidente do Partido Comunista (o PdUP, Partido de Unidade Proletária). Sociólogo de formação, em 1977 começa a escrever sobre vinho em vários jornais e periódicos italianos de esquerda. Ainda como crítico enogastronômico, participa da criação do *Gambero Rosso*, em 1986, um suplemento gastronômico do jornal *Il Manifesto*, que a seguir se torna um periódico mensal independente muito apreciado.

Eleito presidente da Arcigola desde a fundação da associação, ele é reeleito anualmente desde então. Nessa qualidade, Carlo Petrini contribui não apenas para dar uma cara para a associação, mas também uma voz. Ele é o autor de inúmeras obras que difundem o pensamento do movimento, retraçam sua história e imaginam novas vias a seguir. Também pode ser lido com frequência na imprensa internacional, em colunas de opinião e entrevistas.

A *Time Magazine* o elegeu como uma das figuras do ano em 2004, enquanto o *The Guardian* o nomeou uma das cinquenta pessoas capazes de mudar o mundo, em 2008. Ele está na origem direta de várias iniciativas das mais ambiciosas do Slow Food, como a Universidade das Ciências Gastronômicas de Bra ou a rede Terra Madre.

À frente do Slow Food, ele quis despolarizar o movimento para evitar que se tornasse apenas uma assembleia de militantes esquerdistas. Ao longo do tempo, também difundiu uma forma de sabedoria e de moderação quase budista a um movimento de tendências originalmente mais baquistas. Uma consequência ligada também à sua história pessoal, uma vez que, desde 2000, deve seguir uma dieta específica por causa de graves problemas no fígado.

Uma agroindústria devastadora

Redigido pelo escritor e poeta italiano Folco Portinari, o Manifesto Slow Food, assinado em Paris em 1989, faz a constatação da aceleração do mundo desde a Revolução Industrial: "Nosso século, que começou e se desenvolveu sob o signo da civilização industrial, primeiro inventou as máquinas, depois as elevou à posição de

:: DESACELERE • OUSE DIMINUIR O RITMO E VIVA MELHOR

modelos de vida."[2] Assim, nós teríamos nos tornado "os escravos da velocidade". Tendo por resultado o desenvolvimento da *"fast life"* e de seu corolário alimentar: o *fast-food*.

A industrialização efetivamente anda junto de significativas modificações de nossos hábitos alimentares. Para fazer com que os operários que trabalhavam em fábricas ganhassem tempo, empresários como Julius Maggi ou Carl Heinrich Knorr, na Alemanha, desenvolveram produtos liofilizados, como as famosas sopas de saquinho da Knorr, em 1873. Esses produtos marcam os primórdios da indústria agroalimentar que, ao longo das décadas, vai se propagar até conseguir, por meio da química e da física, reproduzir todo tipo de alimento em série pronto para comer. Período de grande confiança no progresso e no *boom* econômico, os Trinta Gloriosos marcam o apogeu desse sistema, como o resumem Wynne Wright e Gerad Middendorf:

> No período de abundância do pós-guerra, a alimentação saiu das preocupações de muita gente do mundo industrializado. Para a maioria, ela se tornou profusa, acessível, mais simples para preparar e percebida como relativamente nutritiva. A vontade de confiar nos responsáveis pelo aprovisionamento de comida delegou nossa responsabilidade cívica ao sistema agroalimentar representado pelos agricultores, pelos nutricionistas, pelas associações de consumidores, pelas empresas do agroalimentar e pelo Estado. Em outras palavras, nós deixamos os especialistas cuidarem disso. Saber de onde vem a comida, como é produzida e por quem não estava no centro das conversas em torno da mesa. Em alguns círculos, levantar essas questões podia até mesmo ser considerado indelicado e deslocado.[3]

Durante essa época de desinteresse geral pelas condições de produção do alimento, a agricultura metamorfoseou-se também. O desenvolvimento da agroindústria com base no produtivismo

---

[2] Manifesto Slow Food, disponível em http://www.slowfood.com/.
[3] Wynne Wright e Gerad Middendorf (ed.), *The Fight over Food: Producers, Consumers, Activists Challenge the Global Food System* (University Park: Penn State University Press, 2008).

acarretou uma seleção rápida das espécies, que desaparecem de maneira natural e pela hibridação. O livro *The Fatal Harvest*[4] comunica alguns dados sobre a perda da biodiversidade nos Estados Unidos. Entre 1903 e 1983, 80,6% da variedade de tomates desapareceram, assim como 92,8% da variedade de alface e 90,8% da variedade de milho. Das 5 mil variedades de batatas existentes, apenas quatro encontram-se na maioria dos campos americanos. Uma verdadeira hecatombe que se explica pela dominação de multinacionais sobre o mercado das sementes. Para aumentar seu lucro, essas empresas vendem logicamente os mesmos produtos em toda parte.

A criação de animais segue a mesma evolução. As aves, que ainda eram um luxo há um século, tornam-se muito acessíveis. Mas o frango a 3 euros o quilo não é mais o mesmo que aquele que se comia há cinquenta anos. Os sobrecustos são "externalizados", como se diz em economia, ou seja, transferidos para outro lugar. Onde? Para o meio ambiente, para o futuro... Nesse sistema, agricultores e criadores perdem o domínio sobre seus destinos, esquecem seus conhecimentos que não lhes servem mais, pois foram transformados em operários de sua própria exploração. O famoso documentário *Cochon qui s'en dédit*[*] (1974), de Jean-Louis Le Tacon, que filma uma criação industrial de porcos como um campo de concentração, traz uma das críticas mais implacáveis desse sistema.

A transformação dos produtos procede da mesma lógica. Antes de colocá-los no mercado, a indústria os desidrata, os liofiliza ou os congela. A mercadorias básicas, como a farinha, acrescenta-se glúten e ácido ascórbico. Alguns produtos, como o *cheddar* em fatias plastificadas ou os salgadinhos, são invenções que não têm mais nada a ver com o produto de base. Alimentos recriados inteiramente pela química, e cujos componentes são dignos de uma tabela de Mendeleiev, preenchem os corredores dos supermercados.

---

[4]   Andrew Kimbrell, *The Fatal Harvest: the Tragedy of Industrial Agriculture* (Washington: Island Press, 2002).

[*]   Filme inédito no Brasil. O título, em francês, é uma expressão em desuso, cuja origem remonta ao século XIII, empregada no final de uma transação ou de um acordo, enfatizando a ideia de que quem não cumpre com sua palavra não é digno de respeito. (N. T.)

O *fast-food*, cujo peso econômico tornou-se enorme nesses últimos trinta anos, depende significativamente dessa tecnologia alimentar. Ele fabrica seus hambúrgueres ou seus *nuggets* a partir de carne reconstituída e aromatizada, impõe uma seleção drástica de batatas por seu rendimento ou ainda confecciona molhos à base de intensificadores de sabores.

Símbolo dessa lógica, o McDonald's abre seu primeiro restaurante em 1955 em Des Plaines, em Illinóis. Em apenas alguns anos, centenas de letreiros passam a cobrir o território americano. Em 2010, a multinacional possui mais de 32 mil estabelecimentos presentes em 117 países. Ela baseia seu sucesso em sua comunicação *pop*, seus menus acessíveis e seu higienismo. O verso da moeda, segundo os detratores da rede, é que o McDonald's se fez o campeão da padronização. Em seu célebre ensaio *Les fils de McDo**, o cientista político Paul Ariès examina as regras decretadas pela empresa. Para dar um exemplo, ele revela que o bife do hambúrguer pesa 103 g – e nenhum grama a mais, em qualquer franquia do grupo –, mede 10 cm de diâmetro e é cozido durante exatos 41 segundos. O pão, as batatas fritas, a salada e o queijo sofrem o mesmo destino uniformizador.

É interessante lembrar, a esse respeito, que a implementação do primeiro McDonald's na França foi um fracasso. Raymond Dayan, o homem que abriu essa franquia em Paris em 1972, foi até mesmo levado ao tribunal pela rede, dez anos mais tarde, por não ter obedecido às regras de "qualidade" do grupo. Ele tinha cometido o erro de substituir o alarme mecânico pelo olho do cozinheiro para avaliar o tempo de cozimento dos hambúrgueres...

"O segredo do sistema McDonald's repousa inteiramente na capacidade de padronizar tudo que pode ser padronizado. A ruptura da homogeneidade não constitui, portanto, uma distorção, mas um crime absoluto."[5]

Diante das críticas desse modelo, o McDonald's se defendeu argumentando que cada entidade nacional se abastecia com os produtores do país. Entretanto, a empresa americana impõe normas

---

*   "Os filhos do McDonald's". (N. T.)

[5]   Paul Ariès, *Les fils de McDo* (Paris: L'Harmattan, 1997).

de modo que, qualquer que seja o local de produção, os produtos mostram-se idênticos no final. A empresa seleciona, por exemplo, a variedade de batatas ou as raças de bovinos mais rentáveis. Nos Estados Unidos, o McDonald's é o maior comprador de gado, porco e batatas, e o segundo maior comprador de frango; seu impacto sobre a agricultura e a diversidade é, portanto, massivo. Paul Ariès descreve essa influência como um "achatamento" dos métodos locais.

A desestruturação induzida pelo McDonald's afeta também os horários das refeições. Como o dizem as publicidades, que o documentarista ativista Morgan Spurlock levou ao pé da letra para seu filme *Super Size Me* (2004), o McDonald's é "quando você quiser", o que favorece os maus hábitos das gulodices e da obesidade. Outro elemento do qual se vangloria a comunicação da rede é a dimensão familiar do *fast-food*, que faz crescer o número dos mais jovens no culto da marca, principalmente por causa do McLanche Feliz ou das festas de aniversário. Para os jovens, o McDonald's se apresenta como uma marca moderna, com marketing e produtos seguros, feitos para não agredir nenhum paladar e que, consequentemente, reduzem a aptidão para apreciar alimentos menos fáceis.

Todos esses aspectos próprios à multinacional da rede de restaurantes motivaram a transformação da assembleia de gourmets italianos defensores da qualidade gustativa e dos bons produtos locais em uma associação internacional que promove a gastronomia responsável. "Opondo-nos ao McDonald's ou à Pizza Hut, essas multinacionais que passam um rolo compressor sobre os sabores, nós sabemos que a batalha, para ser eficaz, deve ser levada na mesma fronte e com suas próprias armas: aquelas da mundialização e da globalização."[6]

Segundo seus críticos, enquanto o *fast-food* nega a dimensão cultural da alimentação oferecendo um alimento genérico em todo lugar do mundo, o Slow Food defende patrimônios gastronômicos diferenciados. A associação quer incentivar a lentidão e a convivialidade da mesa em oposição à "impaciência", à "gulodice" e à "solidão" dos restaurantes "assépticos" do McDonald's. Uma pressão que

---

6   Carlo Petrini, *Slow Food, manifeste pour le goût et la biodiversité* (Barret-sur-Méouge: Yves Michel, 2005).

parece, em parte, dar seus frutos, uma vez que o McDonald's se mostra hoje menos monolítico que no passado em sua variedade de ofertas. Sub-repticiamente, seu logo às vezes aparece até mesmo verde...

O Slow Food busca, com mais ou menos sucesso, tocar o público mais apto a sucumbir aos lanches rápidos lançando campanhas de educação para desenvolver o senso crítico e o gosto das gerações jovens. Ele promove a cultura dos pequenos restaurantes que propõem uma comida barata, em posição de rivalizar com o *fast-food*. Ele incentiva as culturas que respeitam a natureza, as pequenas cadeias de abastecimento e as pequenas propriedades em detrimento da agricultura intensiva.

Assim termina o manifesto da associação:

> É no respeito ao gosto, e não de seu empobrecimento, que reside a verdadeira cultura de onde pode surgir o progresso, principalmente com as trocas, sobre o plano internacional, de projetos e no campo dos conhecimentos e da história. O Slow Food assegura um futuro. Melhor.

A gastronomia da direita à esquerda

Desde seus primórdios, Slow Food defende a ideia de que comer é um ato político. Dito isso, o posicionamento do movimento conheceu alguns avanços desde o seu surgimento na Itália nos anos 1980. Claramente oriundo de setores da esquerda militante em seu começo, e dotado de uma ponta de anarquismo jocoso, o movimento cada vez mais se afirmou como uma ONG de obediência alter-mundialista e ecologista nestes últimos anos, o que alguns críticos associam a uma forma de conformismo.

A rede Terra Madre, que agrupa pequenos agricultores do mundo, é testemunho dessa vontade de incentivar o desenvolvimento de um contrapoder à indústria alimentar. A associação dá sua opinião sobre questões de gestão da água e da poluição do ar. Ela também frequenta as reuniões internacionais em que se reúnem as grandes organizações ecologistas para coordenar seus esforços. Durante essa evolução, o Slow Food diz ter se libertado da lógica esquerda-direita. Essa estratégia de despolitização permitiu ao movimento atrair membros e simpatizantes para além de sensibilidades políticas. A estratégia tem aspectos positivos e negativos. Na Itália, onde vários partidos integraram as temáticas da organização a seu programa, ela parece se propagar. Esse largo consenso permite principalmente que o Slow Food encontre, sem muita dificuldade, financiamentos públicos para os eventos que organiza. Por outro lado, com relação aos convívios, é sabido que alguns membros ou responsáveis não têm nenhuma outra ambição a não ser comer bem entre amigos.

No âmbito da associação internacional, a ideologia Slow Food seguiu uma evolução muito interessante. Arcigola, a associação que precedeu o Slow Food, pertencia à nebulosa associacionista comunista italiana da Arci. Essa vasta estrutura tinha por objetivo propor uma cultura alternativa na Itália, um país onde as organizações e mesmo os clubes de futebol amadores dependiam da Igreja Católica.

Entre os signatários do primeiro manifesto de Arcigola em 1987, encontramos Carlo Petrini, antigo militante de extrema-esquerda, e também o escritor Dario Fo, conhecido por seu engajamento no partido comunista, bem como a escritora e antiga deputada Gina Lagorio, ou o jornalista de *L'Unità* – o equivalente italiano do jornal *L'Humanité* – Valentino Parlato. Carlo Petrini confirma essas nuances políticas: "Os primeiros a se autodenominarem 'arcigolosi' saíram dessa esfera de influência política dos anos 1970 que se desenvolvia em torno do grupo do *Il Manifesto*".[7] Na imprensa italiana de esquerda, o jornal político *Il Manifesto* é um dos únicos a se interessar por gastronomia. Ele chega até mesmo a publicar, a partir de 1986, o suplemento *Gambero Rosso*, que vai defender as teses do Slow Food. A organização do Slow Food em comunidades batizadas "convívio" é uma das marcas desse passado esquerdista.

Uma associação de gastrônomos de esquerda: eis algo que pode surpreender. De fato, historicamente, a gastronomia pende à direita. Nada de mais lógico, diriam: os ricos e poderosos têm mais o costume de degustar pratos finos que os pobres, para quem comer serve

---

[7] *Ibidem.*

primeiramente para saciar a fome. A arte da mesa e sua terminologia distinta se desenvolveram com os aristocratas e os burgueses. A eles os festins, a louça de porcelana e a caça com montaria. Os pobres deveriam se contentar com sopas ralas e pão preto. Os nomes de Grimod de la Reynière, inventor do jornalismo gastronômico em 1803, e de Gault e Millau pouco permitem considerar ligações com Rosa Luxemburgo. Os cenáculos gastronômicos figuram, assim, lugares conservadores onde se passa o sal entre si.

Por isso, para a esquerda, a boa comida adquire um valor de prazer culpado. A pérfida expressão "esquerda caviar" dá conta muito bem dessa proibição do prazer das papilas. Aquele que se permite saborear não passa de um traidor de seus ideais.

Em seus anos de juventude, na opinião de seu presidente, a associação iconoclasta enfrenta, assim, um duplo "ostracismo".

> A *intelligentsia* de esquerda considera Arcigola uma confraria de *bons vivants* e comilões. Diante da imprensa especializada, o mundo enogastronômico, da Accademia Italiana della Cucina, desconfia desses gastrônomos esquerdistas, incompetentes, intrusos e corrompidos por ideólogos.[8]

Slow Food agitará consideravelmente as frentes, revolucionando a abordagem da gastronomia e desculpabilizando o povo de esquerda. A associação traça uma nova via na maneira de considerar a comida valorizando uma forma de prazer gustativo responsável. Ela rejeita o ascetismo, a onipotência da dietética e o vegetarianismo, que eram os únicos pontos de entrada para uma alimentação de esquerda até então.

A fissura do binômio prazer-saúde emana do fato de que o prazer foi excluído do mundo dos valores positivos – sejam eles éticos, sejam culturais – e foi substituído pelo excesso. As preocupações que dizem respeito à saúde se beneficiam de uma preeminência inédita e a ciência dietética se impôs como o principal protagonista da literatura que concerne à alimentação. Esta teoriza sobre o fato de que

---

[8] *Ibidem.*

tudo que se come deve ser justificado por necessidades de saúde e que a comida não tem valor a não ser nessa perspectiva.[9]

No lugar de contar as calorias e reduzir os alimentos a seus teores de carboidratos e lipídios, Slow Food vai trazer de volta para a mesa questões de proveniência, gosto, modo de produção e ecologia. Para Petrini, a progressão muito rápida do número de adesões demonstra o sentimento de libertação de pessoas de esquerda, restringidas até então a sentir vergonha ao se deleitar.

Apesar das inúmeras colaborações com *chefs* renomados, como Alain Ducasse, que escreveu o prefácio do livro *Bon, propre et juste*, ou Ferran Adrià, que participa religiosamente do Salão do Gosto de Turim – e mesmo se uma parte considerável dos produtos defendidos abastecesse as prateleiras das mercearias especializadas –, Slow Food não está diretamente ligado à alta gastronomia. O movimento considera esse setor da alimentação muito deslocado da realidade e pouco propício a servir de modelo alternativo ou de barreira contra seus principais inimigos: o *fast-food* e a agroindústria.

Uma das tarefas de Slow Food terá sido, assim, militar por meio de guias para o reconhecimento da cozinha de pequenos restaurantes – ou de *osterias* na Itália –, que fornecem uma comida simples e à base de produtos locais a partir de receitas tradicionais que passam de geração para geração. A associação acha que essa gastronomia modesta, raramente valorizada na imprensa gastronômica, tem potencial para servir de alternativa ao Big Mac, ao Whopper e aos falsos sabores enlatados.

Todas as ações do Slow Food manifestam esse desejo de promover uma opção diferente e de sustentar uma criatividade positiva, mais do que privilegiar uma estratégia frontal de oposição. Nisso ele se diferencia dos movimentos de extrema-esquerda que pregam uma desobediência civil, como a Via Campesina de José Bové. Ainda que compartilhando as ideias do camponês do Larzac a respeito das OGM e do *fast-food*, Slow Food nunca organizou expedições *commando* a seu encontro. Carlo Petrini considera mesmo essa estratégia de

---

[9] *Ibidem.*

"guerillero" incompatível com o estilo Slow. "Nós preferimos concentrar nossos esforços na salvaguarda dessas coisas condenadas a desaparecer, mais do que nos obstinar na novidade que não nos agrada."[10]

O direito ao prazer defendido por Slow Food lembra os ideais de maio de 1968, de onde saiu a geração dos fundadores do movimento. Mas o "gozar sem entraves" dos estudantes revoltados se tinge de responsabilidade. O movimento proscreve o frenesi por uma forma de epicurismo, em que somente os prazeres necessários à felicidade permanecem. Ele se aproxima, assim, do caminho do meio escolhido por Buda, aquele que rejeita tanto a luxúria quanto a ascese para preferir um equilíbrio, aliás, difícil de manter.

Esse direito ao prazer se encontra desde a origem do movimento ameaçado por um gosto residual amargo. Como desfrutar da boa comida enquanto, no mundo, a fome ainda assola? Há alguns anos, Slow Food imprimiu uma nova direção em seu movimento a fim de ajudar os países em desenvolvimento. A associação quer remediar os malefícios da "revolução verde" no continente africano, que tornou os agricultores dependentes das multinacionais, acabou com os solos, secou os lençóis freáticos, fez baixar a biodiversidade e aumentou a poluição, com a introdução de fertilizantes, de pesticidas e de métodos de culturas industriais ocidentais, sem sequer solucionar os problemas crônicos de fome. No sentido inverso, Slow Food estima que é preferível desenvolver as técnicas tradicionais locais, únicas capazes de satisfazer sustentavelmente as necessidades das populações. Ele apoia os produtores locais que asseguram um bom aprovisionamento alimentar nessas regiões com produtos adaptados ao clima. A associação espera, assim, evitar o êxodo rural que desenraiza populações, as quais acreditam poder encontrar uma vida melhor na cidade, mas na realidade encontram apenas a miséria das favelas e a aculturação. Ela coopera também com a FAO a fim de proteger a biodiversidade em certas regiões do globo, como a África Ocidental. Ela realizou com sucesso a operação "Mil Jardins na África" e se prepara, com seus parceiros locais, para contribuir com a criação de 10 mil novas hortas urbanas comunitárias.

---

[10] *Ibidem.*

Bom, limpo e justo

Bom, limpo e justo: esses são os três critérios de base da filosofia Slow Food. Poderíamos resumi-los na sequência de Jean Lhéritier,[11] antigo presidente da Slow Food France, da seguinte maneira: *bom* é a exigência de todo gourmet, a busca do prazer dos sentidos; *limpo* é hoje a preocupação dos cidadãos decididos a proteger o planeta das ameaças que pairam sobre seus ecossistemas; e *justo* é o direito reconhecido aos produtores de existir e de exercer sua atividade dignamente.

Esses três conceitos derivam da definição de gastronomia dada por Brillat-Savarin: "A gastronomia é o conhecimento fundamentado de tudo o que se relaciona com o homem enquanto ele se alimenta".[12] Partindo dessa leitura holística da gastronomia dada pelo grande aforista francês, o Slow Food determina que a gastronomia não é redutível unicamente ao prazer dos sentidos como geralmente se tem a tendência de pensar a respeito dessa disciplina. Ela seria antes uma ciência multidisciplinar que leva em consideração os procedimentos agrícolas, econômicos, sociais, científicos, técnicos e culturais da nutrição.

Consequentemente, a criação de uma Universidade de Ciências Gastronômicas com um programa multidisciplinar ganha todo o sentido. Nessa visão renovada da alimentação, o consumidor não tem mais um papel passivo. Slow Food, aliás, rejeita esse termo em seu vocabulário, preferindo o de coprodutor. Tornar-se um coprodutor no sentido de Slow Food é parar de comprar sem refletir sobre o que a publicidade nos convida a consumir. Como indica o poeta campesino americano Wendell Berry: "Comer é um ato agrícola". Os coprodutores sabem que cada alimento provém de uma cadeia da qual eles são elos essenciais. "Eles consideram o ato final de comer como o resultado de um processo cíclico, pois está integrado a um mecanismo mais vasto, aquele da natureza."[13] Ao contrário da ação sofrida e nociva para o planeta de consumir, coproduzir consiste em

---

[11] No prefácio da edição francesa do livro *Bon, propre et juste* de Carlo Petrini.

[12] Anthelme Brillat-Savarin, *Physiologie du goût* (Paris: Julliard, 1965).

[13] Carlo Petrini, *Terra Madre* (Paris: Alternatives, 2011).

ser parte envolvida na cadeia alimentar "ao lado daqueles que cultivam, criam, transformam e distribuem".

Slow Food tem por ambição popularizar esses três princípios de uma alimentação boa, limpa e justa no mundo inteiro, como um "direito primordial" inscrito nas Nações Unidas. O direito à alimentação se tornou assim o principal cavalo de batalha da associação. Em seu documento preparativo para o congresso 2012-2016, Slow Food ironiza o fato de que os países ocidentais conseguiram encontrar, em algumas semanas, centenas de bilhões para salvar o sistema bancário internacional, enquanto eles não conseguem desbloquear os 34 bilhões de dólares necessários, segundo a FAO, para resolver o problema da fome no mundo. Ampliando ainda mais suas zonas de atuação, a associação reflete sobre a criação de instrumentos para assegurar a transmissão de conhecimentos intergeracionais entre os produtores. Ela propõe igualmente pensar em meios de salvar os solos esgotados e tornados estéreis pela agricultura intensiva ou então tirados da agricultura pela construção. A problemática dos bens coletivos, como a água, também faz parte dos pontos sobre os quais ela espera dar sua opinião nos próximos anos. Com o passar do tempo, a associação dos gastrônomos claramente levantou seu nariz do prato para empunhar problemáticas ecológicas complexas, cujo ponto comum é justamente que elas têm uma influência sobre os conteúdos de nossos pratos.

Para cada um, o seu convívio

O agrupamento de alguns amantes de produtos do Piemonte transformou-se em uma organização internacional que conta com cerca de 120 mil membros. Slow Food está, a partir de então, presente em 130 países. O movimento se propaga nas diferentes regiões do globo por intermédio de seus convívios, hoje em um número de 1.500, que são os grupos locais que reúnem os membros da associação. Eles formam a base de um movimento dirigido por um comitê executivo internacional eleito a cada quatro anos na ocasião do congresso internacional de Slow Food. Com sede em Bra, no Piemonte, o comitê é composto por um presidente, dois vice-presidentes, nomeados pelo presidente, um comitê de presidência de seis pessoas e um conselho internacional composto por representantes de todos os países contando com pelo menos 500 membros.

Alguns países possuem, além disso, associações nacionais dirigidas por conselhos de administração nacionais. Este é o caso da Itália, da Suíça, da Alemanha, do Japão, dos Estados Unidos e do Reino Unido. Essas associações nacionais coordenam os eventos em seus países e fornecem serviços particulares a seus membros. Algumas delas dispõem de meios para pagar salários, como a dinâmica associação americana que conta com dezoito empregados. Outras funcionam com o sistema de voluntariado, como a associação suíça.

A dimensão internacional da Slow Food faz dela um caso único no campo da alimentação. Com efeito, encontramos tanto no âmbito local quanto no nacional diversas associações e agrupamentos que buscam mais ou menos os mesmos objetivos. Mas esses órgãos não permitem a seus membros se encontrar em uma escala mais ampla. Essa dimensão internacional comporta também vantagens no campo turístico. Os adeptos apreciam ir ao encontro de seus congêneres estrangeiros quando fazem suas viagens, o que representa a ocasião de trocar bons conselhos sobre bastidores de restaurantes ou produtos a descobrir.

Apesar de sua estrutura piramidal, Slow Food se distingue de outros movimentos internacionais bastante hierarquizados, como o Greenpeace, pelas rédeas relativamente soltas deixadas às comunidades locais. Slow Food International não envia diretivas fechadas aos convívios e não impõe necessariamente sua retórica. A forma de colocar em prática e a promoção da filosofia Slow Food então podem variar de um convívio a outro. Segundo a personalidade e os interesses dos membros fundadores da estrutura local, as atividades podem ser mais ou menos militantes, gerais ou focadas em determinados produtos. A criação dos convívios repousa, portanto, em iniciativas pessoais. Aquele que não se reconhece na estrutura existente de sua região tem a possibilidade de criar sua própria rede no interior da nebulosa do movimento. Os procedimentos são relativamente simples: basta ter acesso ao *vademecum du convivium*, o formulário de candidatura e o protocolo de engajamento a serem

:: DESACELERE • OUSE DIMINUIR O RITMO E VIVA MELHOR

enviados à associação-mãe. Por isso uma tão grande diversidade de estruturas, de tamanhos e de ritmos de atividades no coração das comunidades locais.

Na prática, os convívios propõem via de regra visitas a produtores de sua região, criam feiras e organizam noites de degustações, encarregam-se da defesa dos *Sentinelles* com a ajuda da Fundação Slow Food pela biodiversidade e desenvolvem programas de educação para o gosto em parceria com as escolas.

Terra Madre

Na sua estrutura, Terra Madre é uma expressão de tendência "glocal" que se desenvolveu em reação à globalização. Ela coloca em rede iniciativas de caráter local pelo intermédio de suas "comunidades do alimento" – hoje com um número de 2.500 no mundo –, que são equivalentes aos convívios, mas reúnem exclusivamente profissionais da alimentação e não consumidores.

A Terra Madre nasceu da iniciativa de Carlo Petrini, que convidou 5 mil pequenos agricultores às margens do Salão do Gosto em Turim, em 2004. As reuniões a partir de então são bienais e se dividem em assembleias plenárias e em uma série de oficinas e seminários. Esses agrupamentos têm por objetivo incentivar a troca, permitir a pessoas oriundas de lugares geográficos distantes conversar entre elas sobre suas práticas e tirar agricultores com dificuldades de reconhecimento de seu isolamento. Carlo Petrini exalta os méritos da "viagem", considerada como experiência, prática de convivialidade e índice de autoestima. Os atores desses encontros internacionais chegam frequentemente vestidos com roupas tradicionais, o que dá um aspecto bastante colorido à manifestação. A cada edição, os camponeses piemonteses abrem suas casas para acolher esses produtores do mundo. Apesar das barreiras linguísticas, formas de amizades sustentáveis parecem se costurar.

Esses encontros deram lugar à criação de unidades em dadas localidades. Comunidades do alimento se formaram nas regiões em torno dos primeiros participantes e, continuamente, propagam-se no mundo inteiro, em particular na África. A rede então integrou outros profissionais como cozinheiros, produtores de fibras naturais e ainda professores de universidade.

O movimento se desenvolve em rizomas sem que uma hierarquia o enquadre ou gerencie suas atividades. Podemos, assim, encontrar uma comunidade que se estrutura em torno da distribuição de produtos ecológicos no Benim; outra que defende a criação de porcos em liberdade na Nigéria ou, ainda, uma associação de cozinheiros que faz a promoção da gastronomia congolesa. A variedade de estruturas deve-se em grande parte aos atores engajados, agricultores vindos frequentemente de regiões onde o funcionamento associativo com presidente, secretário e tesoureiro seria muito pesado, e não teria nenhuma chance de funcionar. Essa é a razão pela qual Slow Food optou por não fundir essa rede ao âmago de sua estrutura existente de inspiração ocidental, muito rígida para as populações que ela visa. Contudo, em 2012, a proximidade aumenta uma vez que o encontro internacional Terra Madre e o Salão do Gosto 2012 formam apenas um evento. No âmbito local, as comunidades permitem valorizar produtos e produtores, defender os interesses de seus membros a nível político e econômico, mas às vezes podem também lançar programas educativos.

A Fundação Slow Food pela biodiversidade

Fundada em 2003 em parceria com a região toscana, essa organização sem fins lucrativos subvenciona os projetos ligados à proteção da biodiversidade agrícola e do patrimônio gastronômico. Ela apoia a Arca do Gosto, os *Sentinelles* e o Prêmio Slow Food pela defesa da biodiversidade. Cinco euros recolhidos sobre a contribuição anual dos membros servem ao seu financiamento que é complementado por ajudas públicas e doações privadas. A Fundação fornece também sua *expertise* às associações nacionais para assegurar a melhor defesa possível de um produto tanto em termos de marketing quanto de agronomia.

Educar as papilas

Contrariamente às gerações anteriores, é raro que as crianças de hoje tenham uma ligação direta com o mundo agrícola. A relação com a alimentação se reduz com frequência ao supermercado e à publicidade. A possibilidade de desenvolver um conhecimento dos produtos artesanais e um senso crítico do gosto encontra-se fatalmente reduzida.

Com base nessa constatação, Slow Food centra uma parte importante de sua ação na educação. A associação atua em 150 países por meio de uma série de programas bastante variados de sensibilização ao gosto.

Esses programas distanciam-se dos ensinamentos-padrão dos cursos de biologia, nos quais a alimentação é considerada principalmente segundo o ângulo do metabolismo e da nutrição. Para o Slow Food, uma verdadeira relação com a alimentação não pode se desenvolver de maneira teórica pela evocação de teores de glicídios de um alimento, mas sim pelo meio da experiência prática.

Os programas podem tomar a forma de pequenos eventos no âmago das comunidades, como os famosos ateliês do gosto com cozinheiros ou produtores, visitas a fazendas, degustações, jantares, mas também projetos de longo prazo, como as cantinas escolares Slow Food. Integrativos, esses programas tentam reunir, além do grupo de estudantes, também os seus pais e avós, os amigos ou ainda os personagens públicos da região.

Valorizando a convivialidade, o treino dos sentidos, o conhecimento das cadeias alimentares, Slow Food espera gerar comportamentos mais nobres e responsáveis por parte das gerações futuras e de seu círculo.

Entre os inúmeros projetos educativos do Slow Food ao redor do mundo, citemos, por exemplo, um curso destinado aos estudantes bielorrussos, que consiste em lhes ensinar a diferença entre um produto industrial e um produto artesanal. O Slow Food Mukuno, em Uganda, criou um programa que permite aos estudantes descobrir frutas e legumes locais, seus sabores e seus usos tradicionais.

A esses aprendizados abertos a todos, Slow Food acrescentou uma vertente acadêmica com a Universidade das Ciências Gastronômicas de Pollenzo, a uma pequena distância de Bra. Essa academia se instalou na antiga fazenda e residência de verão da Casa de Savoia, que se assemelha a um convento neogótico. Ocupando uma ala da vasta construção, ela concede títulos de mestrado e diplomas em ciências da comunicação alimentar e gastronômica, em administração de empresas de produção e de distribuição de alimentos e em agroecologia. Ela reúne estudantes de mais de sessenta nacionalidades. As matérias universitárias tradicionais, como história, geografia, estatística, psicologia ou, ainda, antropologia, são aplicadas aqui à alimentação. Os estudantes aprendem, assim, a geografia dos vinhos ou a psicologia do consumo. Acrescentam-se a esses cursos estágios obrigatórios no exterior.

O Slow Food Youth Network, criado em 2007, também vem ao encontro dessa vontade de integrar a juventude. Contrariamente a seus irmãos mais velhos dos convívios que se encontram frequentemente em restaurantes, as juventudes Slow Food investem regularmente em ações na rua, organizando manifestações e outros eventos comunitários. O ativismo está de modo muito claro no centro das preocupações desses jovens.

A Arca do Gosto

Pensada como uma versão contemporânea da Arca de Noé, a Arca do Gosto coleta, cataloga e descreve amostras de produtos esquecidos ou ameaçados pela homogeneização da agricultura e pela tendência a selecionar certas raças de animais ou variedades de vegetais que têm um rendimento superior a outras cujas qualidades gustativas diferentes se perdem. Em cada país, uma comissão de pesquisadores, cientistas e especialistas em alimentação seleciona produtos em vias de desaparecimento por suas qualidades gustativas e os embarca na Arca. Em 2012, ela compreendia 1.066 produtos, entre eles 39 produtos franceses, mas também malasianos, etiopianos, chilenos, chineses, russos, etc. A lista abrange não somente pratos feitos e produtos alimentares, mas também raças de animais, legumes, frutas e bebidas alcoólicas. Carlo Petrini refuta o lado conservador da iniciativa que poderia ser criticada por sua maneira de fixar sabores que perderam sua atualidade:

> A Arca do Gosto não tem a pretensão de se tornar um museu, nem pretende salvar os recursos genéticos mundiais, mas deseja cuidar dessa porção da biodiversidade que chega a nossas mesas. Seu objetivo não é criar campos experimentais, colecionar curiosidades animais ou vegetais ou organizar jantares à base de queijos e de embutidos inencontráveis e caríssimos; poderão embarcar na Arca somente produtos que tenham um futuro comercial, que sejam capazes de alcançar preços superiores por causa de excelente qualidade organoléptica.

A França, um caso à parte

Slow Food reconhece que a França não faz parte de seus bastiões mais engajados. Em 2012, contavam-se somente 3 mil membros e 8 mil simpatizantes. Por comparação, a associação alemã reúne 11 mil membros, e a dos Estados Unidos cerca de 40 mil.

A associação explica esse relativo atraso pelo espírito patrioteiro dos franceses: uma associação de origem italiana com um nome anglo-saxão levantaria um fundo de desconfiança em um país tão orgulhoso de sua cultura. Aliás, é somente na França que se fala *"Sentinelle"* para evocar os produtos em vias de extinção defendidos pelo movimento. Em todos os outros lugares, é usado o termo em sua versão original – *"Presidio"*.*

Sobretudo, Slow Food não chegou em terreno virgem na França, contrariamente a outros países, onde a defesa do patrimônio não é assegurada por nenhuma organização. Várias iniciativas

---

* No Brasil, ainda não se chegou ao estágio de desenvolvimento de projetos efetivos de salvaguarda de produtos em vias de desaparecer. Assim, utiliza-se apenas "produto" para designar os itens listados na Arca do Gosto. (N. T.)

especificamente francesas que buscam objetivos similares competem com Slow Food. Este é o caso, por exemplo, da Via Campesina de José Bové, fundada em 1987. O governo igualmente criou alguns eventos que defendem o comer bem e o conhecimento dos produtos, como a Jornada do Gosto, lançada por Jack Lang em 1991, então ministro da Educação Nacional. Por causa de seu sucesso, o evento ampliou-se em seguida à Semana do Gosto.

A França também implementou muito cedo medidas de defesa de seus *terroirs* por meio das AOC. Esse selo, criado pelo marquês de Pombal em Portugal no século XVIII, permite delimitar áreas de produção em razão do solo, do clima, da topografia e do *know-how*. Ele preserva, assim, as vantagens do meio local. Na França, a implementação das AOC deve-se ao barão Pierre Le Roy de Boiseaumarié, viticultor do Châteauneuf-du-Pape. Esse jurista interveio para colocar ordem nos vinhedos atormentados pela confusão causada pela Filoxera e pelas trapaças sobre a mercadoria. Alguns viticultores de sua região se abasteciam com uvas do Gard. O barão primeiro desenvolveu o sindicato dos viticultores da região e depois a "Seção das grandes *crus*", que ele presidiu. Em 1933, ele conseguiu, por uma decisão judicial, que a apelação Châteauneuf-du-Pape fosse definida e limitada a uma região. Essa lógica depôs a seu favor no campo da vinicultura e estendeu-se a outros produtos nos anos 1980. A certificação AOC do Beaufort defende um *know-how* tradicional, um controle de qualidade do leite e do produto e permite também criar um nicho que liga o agroalimentar e o turismo.

Esses instrumentos estatais somam-se a uma infinidade de associações locais de consumidores, degustadores e defensores de *terroirs* específicos. Mas apesar dessa forte implicação e da aparente riqueza dos produtos e do *know-how*, segmentos inteiros da identidade gastronômica francesa arruínam-se discretamente. Os supermercados e seus artigos padronizados ganham terreno em detrimento dos comércios de bairro e das feiras. Os restaurantes de médio porte passam a servir refeições industrialmente preparadas em vez de cozinhar em seus estabelecimentos. Em seu documentário *République* *de la malbouffe* (2011),* Xavier Denamur, um *restaurateur* parisiense, revela que 70% dos estabelecimentos da capital apenas reaquecem os pratos prontos – razão para chocar no país da gastronomia. Outro sinal preocupante é a penetração do McDonald's na França, onde a rede alcançou seu segundo melhor resultado contável depois dos Estados Unidos graças a um total impressionante de 1.134 restaurantes em 2009.

A Slow Food France quer conter essas ameaças utilizando principalmente o viés pedagógico. A associação produziu assim um documentário em DVD destinado aos profissionais de restaurantes para o grande público. O filme explica como trabalhar de maneira boa, limpa e justa no cotidiano das cantinas.

Determinada a se desfazer de sua reputação de associação de gourmets elitistas, a associação organiza ações destinadas a populações desfavorecidas. Membros levam grupos a feiras para lhes ensinar a comprar produtos não transformados a preços adaptados a seus bolsos.

Seu tamanho e seus meios limitados obrigam frequentemente a Slow Food France a colaborar com outras associações para colocar em prática ações de maiores amplitudes, a exemplo da campanha "Degustemos um mundo melhor", conduzida conjuntamente à Max Havelaar e ao WWF, em 2012. O consórcio de associações alimenta um website que dá conselhos de consumo e alerta sobre problemáticas da atualidade ligadas à alimentação. Ele editou igualmente um folheto que explica "Como comer melhor em seis gestos".

Desde 2012, a associação nacional Slow Food não possui mais secretariado central, funcionando, portanto, com uma estrutura descentralizada no âmbito regional.

---

* "República da comida ruim", inédito no Brasil. (N. T.)

Um movimento reacionário?

Globalmente, o Slow Food tem uma boa reputação; mesmo se algumas vozes discordantes por vezes se fazem ouvir, tanto interna quanto externamente. O problema mais espinhoso para o movimento diz respeito ao seu caráter considerado elitista. De fato, os produtos aprovados por Slow Food geralmente estão próximos daqueles vendidos em mercearias especializadas e, por consequência, longe de estar ao alcance de todos os bolsos. Os burgueses boêmios subscrevem à filosofia com simpatia, mas a massa menos abonada não se sente necessariamente contemplada por essas injunções. Uma tese defendida pelo advogado italiano Luca Simonetti desenvolve uma acusação real do movimento: "Slow Food não se dá conta de que o modo de vida que ele defende não pode ser seguido abaixo de um certo padrão de vida, e que, assim, não pode representar a base de um novo modelo de desenvolvimento".[14]

Para lutar contra essa etiqueta elitista tenaz, o segmento americano lançou o programa "5 $ Challenge" em 2011. Essa iniciativa tinha por objetivo demonstrar que é possível preparar uma boa refeição sem recorrer ao *fast-food* nem ao alimento industrial por até meia dúzia de dólares. Infelizmente, a campanha desagradou e muito os produtores próximos ao movimento. Eles replicaram que um alimento tão barato implicava fatalmente salários abaixo de um nível de vida decente para os agricultores. Uma alimentação boa, limpa e justa pressupõe preços mais elevados.

Essa contradição entre a vontade de se apresentar como um movimento democrático, defensor de uma alimentação acessível, que barre a progressão da indústria agroalimentar e do *fast-food*, vai de encontro ao princípio de salvaguarda de uma agricultura local e que respeita a natureza. Alguns criticam ainda o Slow Food por provocar a alta dos preços dos alimentos que ele toma sob suas asas, como os *Sentinelles*. O movimento explica que esses fenômenos estão na ordem das coisas, uma vez que seu objetivo é justamente permitir a produtores fragilizados viver de novo corretamente graças ao seu trabalho.

---

[14] Luca Simonetti, *L'ideologia di Slow Food* (Florença: Ed. Mauro Pagliai, 2010).

Segundo Carlo Petrini, essa dicotomia aparentemente irreconciliável se resolveria no valor a ser dado ao alimento. "Essa escolha se paga, isso é certo, mas se estamos dispostos a comprar um óleo de motor caro para nosso carro, por que ainda negligenciamos nossa alimentação para cuidar de nosso próprio 'motor', ou seja, de nosso corpo que não é imutável?"[15]

Outra objeção recorrente lançada contra o movimento: seu conservadorismo. Essa crítica provém, por exemplo, dos meios pós-feministas que veem na filosofia Slow Food a defesa de uma idade de ouro que data de antes da emancipação feminina, quando as mães donas de casa passavam longas horas na cozinha preparando as refeições familiares. Essa corrente de pensamento considera as invenções do agroalimentar como um instrumento de liberação das mulheres da servidão doméstica. Assim, professar um retorno aos valores de outrora lhes parece intolerável.

Outros veem na Arca do Gosto uma maneira de superproteger produtos condenados a desaparecer. A hibridação e a seleção de espécies mais produtivas estão de fato no âmago das técnicas agrícolas desde sempre. Assim, optar por parar a evolução preservando algumas espécies pode ser percebido como ir contra o curso natural das coisas. Os especialistas do Slow Food, aliás, encontram às vezes dificuldades em decidir até onde remontar para estabelecer que uma variedade de produtos possui qualidades autênticas.

O Slow Food responde a essas críticas explicando que a perda em biodiversidade se acelerou amplamente há dois séculos e que são embarcados em sua Arca somente produtos minuciosamente selecionados por suas qualidades gustativas originais e seu potencial econômico. Carlo Petrini defende até mesmo essa empreitada como vanguardista. Ela seria exemplar de uma nova era em que a conservação se impõe como valor primordial sucedendo à vontade de dominação de Prometeu que marcou os séculos precedentes. Particularmente crítico a essa visão, o advogado italiano Luca Simonetti acusa o Slow Food de se disfarçar sob aspectos de um

---

[15] Carlo Petrini, *Bon, propre et juste*, cit.

movimento progressista, ao passo que, na verdade, seria apenas um movimento reacionário.

A filosofia Slow Food por vezes também é deturpada, como na Itália, onde alguns políticos eleitos do partido de extrema-direita da Liga Norte utilizam o argumento de defesa do patrimônio culinário regional para dizer nas entrelinhas aos vendedores de *kebabs* para eles voltarem a seus lugares de origem.

Alguns membros locais do Slow Food também acusam o movimento central de mania de grandeza e se perguntam como uma base tão pequena de 120 mil membros, um número que não tem aumentado muito há pelo menos dez anos, pode se dar ao luxo de tantos projetos ambiciosos pelo mundo. Por exemplo, a fim de organizar eventos do tamanho de Terra Madre, Slow Food não pode contar apenas com as contribuições de seus membros e com dinheiro público. A associação recorre, assim, a patrocinadores privados. Multinacionais como a Vodafone tremulam, desse modo, suas bandeiras no Salão do Gosto de Turim. Sem ainda ter manchado sua credibilidade, esse tipo de publicidade pode ser problemática aos olhos da posição resolutamente anti-industrial de Slow Food.

Cittaslow

Diminuir os ritmos urbanos

A aparição do Cittaslow data de 1999, ou seja, dez anos depois da criação do Slow Food. Esse movimento tem por objetivo ampliar para as cidades o conceito gastronômico. Como seu nome indica, é na Itália que Cittaslow toma corpo graças à iniciativa de vários prefeitos. Greve in Chianti, Bra, Orvieto e Positano foram as primeiras cidades a adotar e colocar em prática a filosofia Slow em escala urbana. As Cittaslow visam reforçar a democracia local, melhorar a qualidade de vida de seus habitantes e promover suas próprias características. Esses engajamentos passam pela promoção da mobilidade lenta, pela criação de zonas de pedestres e pela defesa dos comércios de bairro e de produtos regionais. Orvieto distinguiu-se desenvolvendo ao máximo um conceito de cidade sem carros e buscando aprofundar as competências no seio de sua população. Essas iniciativas têm por objetivo fortalecer a identidade local e recriar laços sociais e um sentimento de pertencimento em seus habitantes. Cittaslow busca também atrair turistas para essas cidades pela promoção de especialidades e do caráter único de cada uma delas, com a ideia de tirar o melhor proveito dos recursos humanos e materiais locais.

Organizadas em rede, as Cittaslow se multiplicaram na Itália, onde já são cerca de quarenta, mas também no resto do mundo. Em 2012, contavam-se cerca de 150 espalhadas entre Itália, França,

:: DESACELERE • OUSE DIMINUIR O RITMO E VIVA MELHOR

Suíça, Alemanha, Áustria, Bélgica, Dinamarca, Suécia, Noruega, Polônia, Espanha, Portugal, Grã-Bretanha, Países Baixos, Turquia, Austrália, Nova Zelândia, Canadá, Estados Unidos e Coreia do Sul. As cidades francesas que aderiram à rede são, neste momento, Créon e Blanquefort em Gironde, Segonzac em Charente, Labastide d'Armagnac nos Landes e Mirande no Gers. A cada ano, novas cidades aderem à rede.

As cidades-velocidade

Atualmente, um a cada dois homens é um citadino. Nos anos 1960, a proporção era de apenas um a cada três a viver na cidade. As Nações Unidas preveem que, em 2030, 61% da população irá morar em um ambiente urbano. Consideradas há um século como exceções, as cidades com mais de um milhão de habitantes tornaram-se realidades banais. A ONU chama de megalópoles as cidades com mais de 10 milhões de habitantes (antes eram 8 milhões). Contam-se hoje no mundo 25, a maioria situada nos continentes asiáticos e americanos. Os romances de ficção científica, como *The Sleeper Awakes*, de H. G. Wells, que imaginava uma cidade gigante de 30 milhões de habitantes, foram alcançados pela realidade uma vez que Tóquio-Yokohama, a maior aglomeração do mundo, recenseia 43 milhões de indivíduos. Dois fatores explicam essa rápida concentração urbana: de um lado o crescimento demográfico, de outro o êxodo rural. Como observa Michelet: "A cidade, um abismo desconhecido, é (vista de longe) como uma loteria; aqui talvez se tenha chance, pelo menos a miséria é mais livre; o átomo despercebido se perderá em um mar humano".[1] Para inúmeras pessoas, a cidade representa uma chance de melhorar suas condições de vida, enquanto o campo, demasiado imutável, parece incapaz de levar alguém a uma evolução positiva.

Particularmente interessado pela questão metropolitana, o arquiteto e urbanista Rem Koolhaas descreve a metrópole como "uma máquina que age como uma droga e da qual é impossível escapar, a

---

[1]   Jules Michelet, *Histoire de France 1724-1759*, vol. 18 (Paris: A. Le Vasseur, 1870).

não ser que ela tenha tudo previsto, inclusive a evasão...".[2] Construídas sobre o que ele chama de culto da congestão – o que evidencia tanto o vocabulário da concentração das áreas construídas, dos homens e dos carros, quanto as camadas de arquitetura e de projetos que se sobrepõem –, as maiores cidades aparecem hoje quase fora de controle, parecem organismos em constante mutação, que escapam à alçada de políticos e urbanistas, pelo intermédio da mistura dos homens e das mercadorias geradas pela globalização. O arquiteto holandês inclusive desenvolve o conceito de "cidade genérica", que se gera a partir dela mesma, para descrever esses fenômenos de desenvolvimento urbano incontroláveis.

A concentração urbana traz certo número de problemas amplamente documentados: congestionamento, poluição, degradação do meio natural, criminalidade ou, ainda, desigualdades sociais. A expansão urbana induz um crescimento do tráfego automobilístico. Apesar das políticas de desenvolvimento dos transportes públicos, o carro – responsável por engarrafamentos, poluição sonora e atmosférica – continua sendo um problema maior dos grandes centros urbanos.

Ainda que produtoras de riquezas, as cidades produzem também a exclusão. Nesses últimos anos, os espaços urbanos se fragmentaram. A diversidade social recua ao ritmo da especulação imobiliária e da gentrificação, que empurra as populações mais vulneráveis para as periferias das cidades criando guetos de ricos e, em paralelo, bolsões de miséria. Vinculam-se, assim, aos grandes centros urbanos as noções de favelas. Encontram-se igualmente nessas cidades proporções preocupantes de pessoas desenraizadas, mal alojadas ou em situação de rua, o que caminha com a alta da mendicância, da insegurança e da violência.

Certamente há uma série de inovações tecnológicas que permitem o advento das megalópoles. A história da cidade está estreitamente ligada aos transportes e à velocidade. Haussmann modificou Paris para que se pudesse circular mais rapidamente. A invenção das

---

[2] Rem Koolhaas, *New York Délire: un manifeste rétroactif pour Manhattan* (Marseille: Ed. Parenthèses, 2002).

escadas rolantes e dos elevadores foram o pré-requisito para a construção de torres. Graças aos meios de transporte modernos, a cidade, portanto, pode se expandir mais, horizontal e verticalmente. Nossas cidades constituem, a partir de então, espaços de aceleração, como define Paul Virilio. Esse filósofo e urbanista mostrou que nossos espaços urbanos reduzem-se hoje a apenas um problema de quilômetros quadrados e de velocidade para percorrê-los. Ele presume que "a revolução dos transportes provocou a insegurança do território, o crepúsculo dos lugares".[3] Reduzindo o mundo a nada, a velocidade desconecta-nos de um território, torna-nos estrangeiros ao que nos rodeia. "Nós não percebemos mais a não ser a distância, dito de outra forma, do alto e de longe, e os diferentes poderes jogam com esse distanciamento para dissuadir as pessoas de toda análise pessoal ou objetiva, a fim de que cada um fique em sua casa."[4] Seria então nossa cidadania que estaria ameaçada por esta conjunção da velocidade e da cidade.

A ambiguidade do fenômeno deve-se a nossos desejos de cumprir com nossas atividades cotidianas sempre mais rapidamente, de aproveitar plenamente a experiência citadina, ao mesmo tempo sonhando com cidades de dimensões humanas, de distâncias limitadas, espaços verdes, um ambiente mais calmo e menos estressante. Buscando repensar a relação com a cidade e com os outros e propondo um modelo urbano não mais baseado no gigantismo e na aceleração, mas na qualidade de vida e na civilidade, Cittaslow quer conciliar esses aspectos contraditórios. Em escalas controláveis, o movimento procura criar cidades seguras, com funcionamento planejado, que valorizam as relações humanas e não os guetos de ricos semelhantes a fortalezas com guardas armados, arames farpados e câmeras de segurança, como os que se desenvolvem sobretudo nos Estados Unidos ou na América Latina.

---

[3]   Paul Virilio, *Le Grand accélérateur* (Paris: Galilée, 2010).

[4]   Paul Virilio, "Banlieue en crise: la grippe viaire", em *Urbanisme*, nº 347, 2006.

A política Cittaslow

Da mesma forma que Slow Food se engaja em favor dos produtos regionais, Cittaslow milita por uma reterritorialização das cidades. Em seu manifesto de 2010, o movimento erige-se contra a globalização que leva a consumir os mesmos produtos e a adotar os mesmos modos de vida em toda parte do mundo (Nestlé, Coca-Cola, McDonald's, etc.). Nessa ótica, as cidades lentas querem salvaguardar e melhor evidenciar sua identidade local. Elas buscam igualmente aumentar a qualidade de vida de seus moradores por meio de uma série de medidas cujo objetivo é limitar os danos, como o barulho ou a poluição atmosférica, ao mesmo tempo reforçando a convivialidade.

As cidades lentas transformam-se em lugares de trocas e de encontros mais do que em vias de trânsito para os carros. A criação de espaços verdes, de ruas para pedestres, a valorização das feiras como um lugar onde se criam laços sociais e se reaproximam produtores locais e consumidores figura no coração do dispositivo. A esse respeito, elas instauram políticas de voluntariado a fim de promover os produtos locais. Algumas cidades interditam os comércios de grandes dimensões no centro da cidade e facilitam o acesso às melhores localizações de venda aos pequenos comerciantes que escoam produtos da região. No lugar de se lançar em projetos de expansão urbana, elas favorecem a conservação da área construída. O patrimônio arquitetônico, cultural, mas também as tradições culinárias de uma região, beneficiam-se de um apoio adicional.

No cenário político, as Cittaslow investem em iniciativas coletivas e participativas. O conjunto dos habitantes é convidado a tomar parte das discussões visando melhorar a qualidade de vida de seu bairro. Segundo o princípio do *small is beautiful*, prezado pelo economista alternativo Ernst Schumacher, elas estimam que o gigantismo não é desejável para uma cidade, uma vez que está em contradição com as capacidades humanas de relação e de movimento livremente consentidos.

Essas diferentes medidas lembram muitas iniciativas urbanísticas, a exemplo da cidade-jardim, um modelo desenvolvido pelo urbanista inglês Ebenezer Howard. Definido no livro *Tomorrow: a Peaceful Path to a Real Reform*,[5] o conceito previa um controle público do imobiliário, a presença de um cinturão agrícola para alimentar a cidade, uma densidade baixa de construção, equipamentos públicos situados no centro da cidade, o controle das ações dos administradores econômicos e um tamanho que não ultrapasse 30 mil habitantes. A cidade-jardim encontraria sua fonte no movimento higienista dessa época. Ela se destinava ao proletariado, que se queria tirar da miséria e dos miasmas das grandes cidades industriais. Certo número de cidades novas foi criado mais ou menos de acordo com esse princípio. O próprio Howard contribuiu com a construção de algumas cidades-jardim perto de Londres, como Letchworth. Na França, citemos Gennevilliers, composta por 237 pavilhões individuais e 186 residências em condomínio. O modelo se corrompeu no curso do século XX em uma padronização das moradias, uma redução dos equipamentos coletivos e uma rarefação dos espaços verdes para limitar os custos. A partir dos anos 1980, os urbanistas se dão conta dos efeitos deletérios de uma baixa densidade de área construída, que aumenta as distâncias e, consecutivamente, as necessidades de transportes. Los Angeles, uma cidade gigante que se estende por mais de 1.200 km², é o exemplo mais gritante desse problema. Cada habitante, ou quase, deve se deslocar de carro. As *freeways* com sete vias que cruzam a cidade em todos os sentidos não são o suficiente para escoar o fluxo do trânsito, e a cidade ganhou a reputação de capital dos engarrafamentos, o que gera poluição urbana e estresse aos habitantes. A tendência atual consiste, portanto, mais em densificar o espaço urbano, inversamente ao modelo de cidade-jardim.

As utopias urbanas

Inúmeros pensadores, urbanistas, escritores ou artistas, como Fourier, Saint-Simon ou Ruskin, refletiram sobre a organização

---

[5] Ebenezer Howard, *Tomorrow: a Peaceful Path to a Real Reform* (Nova York: Routledge, 1898).

possível de uma cidade ideal. Umas das mais recentes dessas utopias urbanísticas se chama Illichville. Os artistas americanos versados em permacultura, Ken e Roberta Avedor, desenvolveram esse conceito de cidade sem carro a partir dos trabalhos do ecologista austríaco Ivan Illich. Existindo somente em projeto, essa cidade ideal caracteriza-se por pequenas distâncias entre cada ponto de interesse urbano e rural, o que favorece a caminhada e a bicicleta. Para evitar que os carros entrem na Illichville, os artistas imaginaram um triplo cinturão verde em anéis concêntricos. O anel interior se compõe de jardins, vinhas e campos que fornecem o alimento aos habitantes; o segundo anel de pastagem serve para cultivar as fibras para o vestuário, enquanto o último círculo plantado de árvores constitui um lugar de descanso. O projeto milita claramente pela desurbanização e pela saída da "cidade-velocidade", responsável pela desumanização aos olhos desses militantes. Em Illichville, os aproximados 30 mil supostos habitantes viveriam essencialmente de seu artesanato e da agricultura.

Inúmeras cidades não ligadas à rede Cittaslow aplicam hoje um número de diretivas do manifesto da associação. Na França, por exemplo, os supermercados cuja área exceda 1.000 m² são submetidos à autorização, a fim de defender o pequeno comércio. Assim, Paris conta apenas com cinco hipermercados intramuros!

Na luta contra os engarrafamentos, cidades como Londres, Singapura ou Oslo implementaram sistemas de pedágios urbanos. Em Londres, os 20 km² em torno da London City são submetidos a taxas de entradas desde 2003. O perímetro foi dobrado em 2007, passando a incluir bairros como Chelsea. O sistema funciona por meio de câmeras de segurança que detecta as placas dos motoristas. A mobilidade lenta é um outro eixo sobre o qual a maioria das cidades ocidentais deposita seus esforços. Os últimos vinte anos foram marcados pela criação de milhares de quilômetros de ciclovias. Em 2005, a comunidade urbana de Lyon inovava com Vélo'v, seu sistema de bicicletas *self-service*. Desde então, o modelo ganhou inúmeros similares, sendo exportado para toda parte do mundo. Paris lançou há pouco um sistema de veículos elétricos compartilhados que supostamente deve permitir limitar o número de carros *per capita*.

As zonas ou os horários reservados aos pedestres ganham igualmente importância nas cidades. A primeira jornada sem carros remonta ao ano de 1956. O evento nasceu logo depois da crise do canal de Suez que forçava os Estados a implementar operações para limitar o consumo de combustível. Essa jornada se transformou a partir dos anos 1990 em uma festa ecológica e de convívio. Ela ocorre em 22 de setembro na Europa e em alguns países fora do velho continente, mas pode se estender a todos os domingos em algumas cidades ou em determinados bairros. Este é o caso, por exemplo, dos locais ao longo do canal Saint-Martin, em Paris. Pioneira do "tudo para pedestres" na França, La Rochelle possui um centro amplamente reservado à mobilidade lenta. Cidades importantes como Montpellier, Amiens, Bordeaux, Lyon, Lille ou Nancy desenvolvem igualmente suas ruas de pedestres. No mundo, uma cidade como Amsterdã conta com inúmeros quilômetros lineares reservados aos pedestres e às bicicletas, tão numerosas que podem constituir um sério perigo para os pedestres distraídos.

Em toda parte, os governos travam uma guerra enérgica contra a velocidade dos motoristas, equipando as vias com lombadas, radares e semáforos sincronizados. As zonas residenciais podem ser limitadas a 30 km/h, até mesmo a 10 km/h, o que reduz claramente o risco e a gravidade dos acidentes.

Como salienta Carl Honoré: "Quanto mais a demanda de um quadro de vida mais calmo e sem carros aumenta, mais o apetite pelas periferias tradicionais declina". Nos Estados Unidos, a cidade de Portland confirma essa constatação. "Legalmente impedidos de se desenvolver para o exterior nos anos 1970, o governo local renovou o coração da cidade pelo viés de bairros para pedestres ligados por linhas de *tramway*, o que faz dela uma das cidades americanas mais agradáveis para se viver."[6]

A reconversão e a reestruturação de zonas industriais abandonadas em áreas urbanas constituem outros pontos importantes dessa conduta visando favorecer a qualidade de vida na cidade. Exemplar nesse sentido é o projeto de ecobairro de Vauban, em

---

[6] Carl Honoré, *Éloge de la lenteur* (Paris: Marabout, 2005).

Fribourg-en-Brisgau, situado no lugar de uma antiga caserna cujas construções foram transformadas em habitações de alto desempenho ecológico. O espaço reúne 2 mil moradias e 600 empregos. O conjunto funciona exclusivamente à base de energia solar e adota padrões ultra-avançados em termos de isolamento e de economia de energia. A circulação está muito bem demarcada. Uma linha de *tramway* passa ali perto. A vida associativa é particularmente desenvolvida, sobretudo por meio dos *Baugruppen*, que permitem aos moradores definir a organização de seu bairro ou de seu imóvel.

Diversas iniciativas consistem em criar bairros mais mistos, com creches ao lado de casas de repouso com um jardim comum e a incorporação de lojas, cafés, serviços e transportes públicos em zonas residenciais. Essa mesma preocupação encontra-se com os imóveis que favorecem, por exemplo, a mistura intergeracional graças a tipologias de apartamentos diferentes, que são apropriadas a idades variadas dentro de uma mesma edificação. Para evitar a criação de guetos, as cidades disseminam as moradias sociais em vez de reagrupá-las em um único lugar, o que assegura uma mistura das populações.

O habitat urbano é, portanto, um campo em obras que se beneficia de contribuições e soluções diversas. A originalidade do Cittaslow reside nos empréstimos feitos de conceitos do Slow Food, que são a valorização da identidade local e a iniciativa de conservação. Esses pontos que, à primeira vista, podem parecer retrógrados são, segundo a opinião da associação, condições prévias para uma cidadania urbana mais harmoniosa. Essa vontade de consolidação parece fazer uma homenagem à noção alemã de *Heimat*, que significa "o país que carregamos em nós", conforme a definição do linguista Waltraud Legros. Um sentimento que se dissolveu em nossa época fluida, lábil, na qual o ser humano passa seu tempo a se deslocar entre dois pontos. Transformado em um nômade moderno, o homem não tem mais pertencimento, raiz, o que necessariamente provoca um desinteresse por seu lugar de moradia e também pode causar certos transtornos psicológicos. Estudos desenvolvidos sobre os migrantes mostram que as taxas de depressão são mais elevadas entre eles em razão do sentimento de desenraizamento. A integração no seio de uma comunidade ocasiona inúmeros benefícios aos indivíduos. Eles terão mais marcado no coração o sentimento de agir para o bem público a partir do momento em que se sentirem ligados a um lugar, mais que residentes anônimos de uma cidade-dormitório.

No quesito econômico, o movimento Cittaslow se distingue por uma vontade de relocalizar as atividades. A ideia consiste em dar um lugar de escolha aos produtos da região, nos comércios, nos mercados e em outros eventos, como feiras, a fim de dispor de um tecido rico e sólido de produtores e de artesãos. A ideia é próxima do conceito de Cidades em Transição[7] de obediência decrescente. Lançado pelo professor de permacultura Rob Hopkins, essa rede, cujas primeiras cidades-membros foram Kinsale na Irlanda e Totnes na Inglaterra, reagrupa hoje 150 membros internacionais. As Cidades em Transição buscam viver sem usar as energias fósseis e construir uma economia local vigorosa e sustentável com o objetivo último de autossuficiência.

Para o Cittaslow, o termo de decrescimento permanece, entretanto, um tabu, provavelmente porque essas transformações não têm unicamente uma intenção ambiental: trata-se também de desenvolver a atividade turística da cidade. Esse eixo de crescimento pode inclusive entrar em conflito com o desejo de tranquilidade e de lentidão levantado pelos membros da associação.

Medidas para diminuir o ritmo

Cittaslow tem o *status* de uma associação internacional muito bem estruturada que possui um conselho de presidência – presidido por Paolo Saturnini, prefeito de Greve in Chianti –, um comitê de coordenação, bem como um comitê de certificação. Ela muniu-se de um manifesto que também desempenha o papel de estatuto. O documento enumera em setenta pontos os princípios e as diretivas aos quais as cidades devem se adaptar para obter o selo Slow.

---

[7] Acessar www.transitionnetwork.org.

De entrada, o movimento exclui as candidaturas das localidades com mais de 50 mil habitantes ou que tenham um papel de capital de departamento ou de estado. Essa discriminação é motivada por uma vontade de integrar o conjunto dos citadinos ao processo de conversão. O Cittaslow não considera possível, no plano prático, implantar esse tipo de democracia participativa em cidades de tamanho mais significativo. A prefeitura deve efetivamente ser capaz de escutar e de levar em consideração todas as opiniões a fim de lançar uma política harmoniosa de relocalização.

O processo de adesão é similar ao de outras formas de certificação, como o selo de "cidade de arte e de história" ou "cidade florida". As cidades candidatas devem preencher alguns critérios de qualidade de vida. A associação verifica por meio de um questionário se as cidades satisfazem a essas exigências. Somente as localidades que obtêm uma pontuação superior a 50% na realização dessa prova são aceitas. A cidade pode então hastear a bandeira com o caramujo, símbolo das cidades lentas, e receber das mãos do presidente em exercício da associação o diploma de Cittaslow. Em contrapartida, ela deve pagar uma contribuição anual para a organização e desenvolver ao máximo os princípios detalhados no manifesto. Um corpo de inspetores verifica se as cidades respeitam seus engajamentos. Cada cidade é avaliada a cada quatro anos.

As principais orientações do manifesto[8] são sobre:

» política ambiental;
» política de infraestrutura;
» qualidade urbanística;
» valorização das produções locais (alimentares, patrimoniais e culturais);
» hospitalidade;
» sensibilização às finalidades e às atividades de Cittaslow.

---

[8] Manifesto disponível no site www.cittaslow.org.

Todos esses pontos evidenciam a necessidade de conservar o caráter único de uma cidade por meio de uma dinâmica de desenvolvimento singular. Os redatores do Manifesto Cittaslow o reiteram nestas palavras:

> Nós estamos em busca de cidades animadas por pessoas que tiram um tempo para desfrutar de uma qualidade de vida. Cidades animadas pela qualidade dos espaços públicos, dos teatros, das lojas, dos cafés, das hospedagens, das construções históricas e das paisagens não poluídas. Cidades onde o conhecimento artesanal é utilizado cotidianamente e a lentidão e a sucessão das estações do ano se refletem na disponibilidade de produtos locais conforme a estação; cidades onde a alimentação é saudável, o modo de vida é saudável, enfim, onde faz bem aproveitar a vida, temas que devem ser fundamentais no seio da comunidade.

As primeiras Cittaslow

SEGONZAC (FRANÇA)

Comuna abençoada pelos deuses, Segonzac era, sem saber, uma Cittaslow antes mesmo de esse rótulo existir. Portanto, foi muito natural que, ao tomarem conhecimento da existência da denominação, seus dirigentes tenham feito sua candidatura e tenham obtido sua certificação em 2010. Entre as qualidades intrínsecas a essa cidade está a promoção ativa de sua aguardente mundialmente conhecida, por meio da criação de uma universidade de destilados e de uma universidade de aguardente que formam, cada uma, especialistas no ramo. Essa ambição saudável e pouco comum para uma cidade que conta apenas com 2.300 habitantes combina com uma atitude ecológica que se manifesta, por exemplo, por uma rede de aquecimento a lenha.

Desde sua certificação, Segonzac ainda aumentou seu capital Cittaslow. Em associação com a fundação Électricité de France (EDF), ela muniu as escolas do povoado com ferramentas de jardinagem de maneira que a disciplina passasse a ser ensinada no âmbito escolar. Instalou ninhos no centro da cidade para propiciar a diversidade avícola, bem como um pequeno parque que permite aos habitantes se encontrarem no verde e na tranquilidade nessa zona densamente construída.

Ela desenvolve um estudo visando reabilitar um antigo areal em respeito à sua história e ao meio ambiente. Para limitar os transtornos, ruas também foram parcialmente fechadas ao tráfego. A cidade favorece também as iniciativas cidadãs e associativas, como o Segonzac-Accueil, que criou jardins comunitários em áreas do município. Enfim, Segonzac inaugurou, em 2011, um projeto de envergadura com seu novo estádio de futebol em um terreno inteiramente recoberto por grama sintética à base de borracha de pneus reciclados. Esse revestimento sustentável permite economizar pesticidas e fertilizantes e não precisa de irrigação, ao contrário de uma grama natural. Um pacote de medidas manifesta uma vontade geral de desenvolver os atrativos turísticos da cidade e sua hospitalidade. Essas evoluções parecem alegrar a população ainda que Jeannette Matignon, correspondente da *Charente Libre*, ateste a existência de um morador que não hesita em atropelar os canteiros floridos da cidade para evitar passar por cima de sua própria grama. "Para você ver como é a mentalidade...", suspira ela. Como escreve Tony Duvert a respeito da França: "Quem pode amar um país onde todo cidadão diz merda ao outro?".

ORVIETO (ITÁLIA)

Orvieto é uma das cidades pioneiras do movimento Slow, a sede da associação internacional Cittaslow e também um dos municípios que mais investiram na qualidade de vida de seus habitantes. O prefeito da cidade, Pier Giorgio Oliveti, lutou particularmente para colocar o carro para fora de suas ruas. Em Orvieto, os sentidos proibidos, as interdições de estacionar e as multas são mais comuns. A polícia faz bastante uso das câmeras de segurança para completar seu sistema repressivo. Quanto mais se aproxima do ponto mais alto da cidade, onde se situa a cidadela, mais numerosas são as restrições para os automóveis. Foi assim que os carros praticamente desapareceram da cidade em alguns anos. Eles ficam estacionados em novas garagens na periferia. A municipalidade igualmente construiu inúmeras escadas rolantes e instalou elevadores para tornar o caminho a pé mais fácil. O dispositivo complementa-se ainda com um funicular que leva até a cidadela.

WALDKIRCH (ALEMANHA)

Waldkirch é conhecida por abrigar renomados fabricantes de órgãos. Essa cidade de 20 mil habitantes do Bade-Württemberg há alguns anos também se dotou de um ecobairro, misturando residências e espaços de escritórios, caracterizado por uma abordagem bioclimática: orientação específica dos telhados, coberturas vegetais, recuperação das águas poluídas, uso da geotermia, isolamento reforçado e materiais limpos.

O defeito do pequeno tamanho

A despeito de todas as iniciativas interessantes reunidas sob o conceito de Cittaslow, podemos nos perguntar sobre o alcance desse movimento. Alguns otimistas, como Carl Honoré, estimam que essa rede permite antever uma "inversão demográfica".

> Na Itália, assim como em outros lugares, os jovens há tempos fugiram das zonas rurais e das pequenas aglomerações para ganhar as luzes da cidade grande. Hoje, quando os charmes de uma vida urbana estressante e trepidante se amenizam, muitos retornam para suas casas em busca de uma vida mais calma; eles são até mesmo acompanhados por alguns espécimes puramente urbanos.[9]

Esse fenômeno de volta às províncias está comprovado. Ele teria até mesmo acelerado com a crise, em um país como a Espanha, onde desempregados, tendo perdido a esperança de encontrar emprego na cidade, decidem voltar a viver no campo. Ali eles encontram melhores condições de vida, menos ocasiões para gastar dinheiro ou,

---

[9] Carl Honoré, *Éloge de la lenteur*, cit.

ainda, a possibilidade de cultivar uma horta que melhore o básico. Trabalhar no desenvolvimento de cidades de tamanho médio, as quais são olhadas frequentemente de modo condescendente pelas grandes capitais em razão do suposto conformismo de seus habitantes, da ausência de vida cultural e de perspectivas profissionais limitadas, aparece como uma iniciativa inteligente.

Dito isso, os demógrafos anunciam que o fenômeno de urbanização vai continuar nos próximos anos. Uma parte sempre mais significativa da população mundial viverá nas grandes cidades. Limitando-se às cidades de pequenos tamanhos, o modelo Cittaslow aborda, assim, apenas questões urbanísticas secundárias. Ele não participa de uma reflexão global sobre o futuro das megalópoles, em que a necessidade de melhorar o bem-estar mostra-se gritante, para cultivar bonitos vilarejos e seus particularismos.

Apesar da oposição de princípio do movimento às cidades de grande tamanho, a concentração urbana não tem apenas aspectos negativos: ela permite evitar a expansão das cidades pelo território. Ao criar polos importantes reunidos em torno de sistemas de comunicação performativos, limita-se a expansão periurbana, preservam-se zonas naturais, assegura-se a sobrevivência de espaços e de meios variados e, sobretudo, de pequenas cidades limpas e arrumadas no campo.

Evidentemente, não se vai criticar os prefeitos das cidades lentas por quererem melhorar as condições de vida de seus habitantes por meio de medidas que reforçam o laço social e a atratividade do lugar. Essas práticas comportam também sua parte de marketing urbano. Tendo se tornado objeto de pesquisa a partir dos anos 1990, esse termo remete aos meios postos em prática pelas coletividades públicas a fim de promover, fazer existir, tornar atraente e de incitar o investimento em suas cidades. Parece lógico a esse respeito que pequenas cidades tragam a tranquilidade e a proximidade como argumentos de marketing. Por um lado a certificação Cittaslow marca um engajamento de uma cidade em favor do bem-estar dos habitantes; por outro, ela serve a suas ambições turísticas e comerciais. Dois aspectos que podem entrar em contradição, as cidades-membros expõem-se

:: DESACELERE • OUSE DIMINUIR O RITMO E VIVA MELHOR

ao risco de perturbações geradas por um afluxo suplementar de turistas e de novos recém-chegados.

Cittaslow tem por virtude reavivar os orgulhos provinciais e tirar a poeira da comunicação das pequenas cidades, insistindo em suas qualidades intrínsecas, vistas com inveja pelos habitantes das grandes aglomerações. No entanto, esse modelo não pode ser visto como uma solução urbanística capaz de se dirigir a uma ampla proporção da população mundial. Por suas limitações, o movimento comporta claramente um déficit de universalidade.

A filosofia Cittaslow

É um paradoxo: apesar do sentimento de aceleração associado às grandes cidades, a política urbana dessas últimas décadas consiste em multiplicar os dispositivos de controle de velocidades. Michel Foucault,[10] nos anos 1970, descreve perfeitamente os desvios securitários de nossas grandes cidades com sua análise do panóptico de Bentham, uma técnica moderna de observação, transcendendo nossos múltiplos lugares de concentração de vida como um tipo de diagrama da sociedade disciplinar. Foucault definiu o conceito do panóptico como um "funcionamento do qual se abstrai todo obstáculo ou atrito... e que devemos desvincular de todo uso específico".[11]

Hoje encontram-se variações modernas ao redor do panoptismo no centro de nossa sociedade e de nossas cidades cada vez mais colocadas sob vigilância. A fórmula abstrata do panóptico não consiste mais simplesmente em "ver sem ser visto", mas declina sobre um modo securitário levado ao extremo impondo às populações humanas, por exemplo, uma conduta estereotipada e, portanto, nivelada por baixo.

A perfeita ilustração do controle nas grandes cidades materializa-se sob a forma de nossas lombadas instaladas em nossas vias sob

---

[10] Michel Foucault, *Surveiller et punir* (Paris: NRF Gallimard, 1975).
[11] *Ibidem.*

vigilância. Essa lógica excessiva do controle contribui para o pensamento de que uma cidade, pela velocidade controlada, toma formas compulsivas, até mesmo obsessivas, no âmbito político. Segundo Paul Virilio,[12] em sua obra *Vitesse et politique*: "A violência da velocidade tornou-se ao mesmo tempo o lugar e a lei, o destino e a destinação do mundo".

Entretanto, inúmeros são os depoimentos artísticos que tentaram nos sensibilizar a essa problemática da cidade-velocidade e das medidas de controle que ela gera. A literatura de ficção científica e o cinema trazem vários exemplos sobre a velocidade, que foi percebida há muito tempo como característica de uma megalópole futurista, tanto em *Metropolis* (1927), de Fritz Lang, quanto em *Le cinquième élément* (1997), de Luc Besson, com a perda de controle dos homens nessa cidade-total sobre suas criações tecnológicas, conduzindo a um escravagismo do homem pela máquina.

Como no cinema, o sucesso do Slow Food desencadeou uma sequência em maior escala. Slow Food, então, mudou de dimensão para se estender a uma cidade. A cidade de Greve in Chianti, na Itália, foi a primeira Cittaslow do mundo. Menos carros, menos barulho, menos gente, enfim, a vida tornou-se realmente mais agradável. Ainda são poucas as cidades francesas que deram o passo decisivo para se tornar Cittaslow, sendo preciso ir até os vizinhos espanhóis, italianos, ingleses ou alemães para encontrá-las em maior número.

As cidades que aderem à rede têm por ambição tornar-se lugares agradáveis para viver, trabalhar ou visitar. Essas cidades lentas têm a vontade de sustentar a economia local, respeitar as tradições e, evidentemente, proteger o meio ambiente. Para isso, cada coletividade engaja-se a trabalhar em conjunto para cumprir os ambiciosos objetivos mais realistas fixados pela rede Cittaslow, visando diminuir o ritmo da vida. Dito isso, é preciso tempo, muito tempo, para colocar em prática esses inúmeros engajamentos, pois nada poderá ser feito de forma sustentável sem o respeito ao tempo necessário para a reflexão, a dúvida, a deliberação, a escolha. Trata-se, portanto, de respeitar o humano, a animalidade do homem integrado à natureza,

---

[12] Paul Virilio, *Vitesse et politique* (Paris: Galilée, 1977).

ou seja, o humanismo no sentido do Renascimento, e não aquele do século dos Iluministas.

Em geral, parece evidente que a relação mantida entre os seres humanos e a natureza analisa-se em outra escala que aquela dos seres humanos em sua dimensão individual. Eis porque a arte da lentidão não pode ser praticada sem um tempo indispensável à reflexão e depois à deliberação. Se eles não querem esquecer os erros do passado, conservar uma espécie de memória coletiva, os habitantes das cidades lentas devem alimentar um pensamento altruísta no sentido amplo sobre a temporalidade e o espaço necessários ao respeito da qualidade de vida sustentável de todos: humanos, animais e vegetais.

Existe um vínculo secreto entre a lentidão e a memória, entra a velocidade e o esquecimento. Evoquemos uma situação que não poderia ser mais banal: um homem caminha na rua. De repente, ele quer lembrar-se de alguma coisa, mas a lembrança lhe escapa. Nesse momento, maquinalmente, ele diminui seu passo. Por outro lado, alguém que tenta esquecer um incidente doloroso que acaba de viver acelera o passo sem se dar conta, como se quisesse se afastar rapidamente do que se encontra, no tempo, ainda muito próximo dele. Na matemática existencial, essa experiência toma a forma de duas equações elementares: o grau de lentidão é diretamente proporcional à intensidade da memória; o grau de velocidade é diretamente proporcional à intensidade do esquecimento.[13]

Com base nesse hino à lentidão celebrado por Milan Kundera, há apenas um pequeno passo a se vencer para vincular a lentidão à sabedoria, a fim de não negar nossa relação particular à territorialidade e à temporalidade. Apropriando-se do ritmo lento, de um pensamento com a justa distância, observa-se uma certa forma de sabedoria na vontade de não precipitar a duração necessária para facilitar ao máximo nossa abertura àquilo que se vive. É preciso dar tempo ao tempo, deixando-lhe todas as chances de transformar nossa qualidade de vida. Senão a armadilha do homem e de sua vontade de ser o mestre do tempo se voltará contra ele mesmo. O homem sempre quis se tornar mestre e possuidor da natureza, como o preconizava

---

[13] Milan Kundera, *La Lenteur* (Paris: Gallimard, 1995).

Descartes, mesmo arriscando colocar em questão o tempo objetivo, muito mais coercitivo. Desejo de imortalidade? Querer gerenciar tudo, sobretudo seu tempo, e por consequência a velocidade para não ter de esperar, a fim de ser "presentificado". A urgência se impõe a partir de então como um fato social incontornável para se referir à sociologia de Durkheim. O *homo urgentus* simboliza essa maneira de se comportar nas megalópoles, nas quais rapidez e velocidade se opõem à espera, ou mesmo à lentidão.

Como salienta Serge Carfantan, doutor professor de filosofia em Baiona, em nossos dias, observa-se que "o homem é dividido entre dois tempos, o tempo psicológico, que nos coloca sob pressão quando a angústia do futuro nos oprime, e o tempo biológico, estável, aquele da natureza".[14] Nas grandes cidades, o tempo psicológico força a se apressar e a não perder tempo. Sob a pressão e a tensão da velocidade, nosso único objetivo resume-se mais frequentemente a estar aonde nossos desejos nos levam, com a convicção de que a morte poderia nos alcançar a cada instante... Uma explicação talvez do desejo absoluto de controle de nossa existência em um presente imediato em meio do qual o homem-presente quer abolir o tempo e suas frustações pela incapacidade de diferenciar a satisfação de uma necessidade depois de sua morte, no paraíso. Uma explicação também para o aumento de adesões a religiões como o islã e outras religiões do Livro, assim como ao budismo, que propõem toda uma vida depois da morte, diferentemente do taoísmo e do confucionismo chinês que encorajam os mesmos princípios para gozar de uma longa vida, mas, aqui embaixo, leva a conceber a vida de maneira mais egoísta.

---

[14] Serge Carfantan, "L'homme pressé", em *Les dossiers de demain de l'agence d'urbanisme de la région grenobloise: excès de vitesse*, nº 5, abril de 2006, p. 42.

≡ Slow Money

Financiar a agricultura sustentável

O dinheiro é o nervo da guerra, já dizia o provérbio. E Slow Money poderia ser a pedra fundamental dos movimentos Slow. Este sistema financeiro alternativo desenvolve-se desde 2009 nos Estados Unidos e, recentemente, na Suíça, onde foi criado o primeiro grupo no exterior, enquanto o movimento anuncia sua expansão para o Japão, o Reino Unido e o Canadá.

Combinando competências da filantropia e do capital de risco, Slow Money tem como missão catalisar fluxos de capitais em favor de projetos ligados à produção alimentar orgânica local. Divididos atualmente em quatorze "capítulos" locais, Slow Money apresenta-se, desse modo, como uma rede de bancos de bairro destinados a financiar projetos agrícolas sustentáveis. O movimento coloca-se, assim, plenamente a serviço da filosofia Slow Food, à qual ele oferece meios pecuniários.

Slow Money nasceu da constatação de Woody Tasch, autor do livro *Inquiries into the Nature of Slow Money: Investing as if Food, Farms, and Fertility Mattered.*[1] Essa obra serve de base teórica para o movimento, alegando que o sistema financeiro clássico não está adaptado às necessidades e à natureza da agricultura orgânica.

---

[1] Woody Tasch, *Inquiries into the Nature of Slow Money: Investing as if Food, Farms, and Fertility Mattered* (White River Junction: Chelsea Green Publishing, 2008).

:: DESACELERE • OUSE DIMINUIR O RITMO E VIVA MELHOR

As empresas desse setor desejam aumentar seu impacto, mas opõem-se ao crescimento condicionado aos capitais estrangeiros e recusam os cenários de saída que consistem na recompra por um grande grupo que daria o controle de seus negócios a investidores estrangeiros. O número de negócios da maioria dessas sociedades não excede um milhão de dólares. Elas são muito grandes para as microfinanças e muito pequenas para o capital de risco. Elas não são candidatas para acionistas. E porque elas têm fins lucrativos, não obtêm facilmente apoios de ordem filantrópica.[2]

A filosofia desse novo instrumento de financiamento distancia--se amplamente daquela do neoliberalismo que domina a economia mundial. Slow Money tem por objetivo criar um mercado alternativo, que não seja unicamente movido pela ganância e pelo *laissez--faire*, mas que considera o dinheiro como "estrume". Slow Money substitui o dinheiro rápido que passa de mão em mão em uma fração de segundo e as expectativas de retorno sobre investimento rápido pelas noções de paciência, de lucro limitado e de investimento socialmente responsável. O dinheiro deve servir para fertilizar as empresas e para permitir a emergência de uma rede agrícola sólida e justa.

Fundador de Slow Money, Woody Tasch trabalhou nos anos 1990 como tesoureiro da fundação filantrópica Jessie Smith Noyes, a qual apoiou especialmente o desenvolvimento de Stonyfield Farm, o maior produtor mundial de iogurte orgânico. Ele igualmente dirigiu o Investors' Circle, um fundo de investimentos que alocou 150 milhões de dólares em 230 jovens empresas ativas no desenvolvimento sustentável, desde 1992. Com Slow Money, Tasch busca desenvolver de maneira viral as ações que realizou dentro das estruturas precedentes com as quais colaborou.

Por meio desses grupos regionais, em somente dezoito meses de existência, Slow Money permitiu investir 11 milhões de dólares repartidos em uma série de pequenas transações de destinações de produções agrícolas, de restaurantes ou, ainda, de moinhos.

---

[2]   *Ibidem.*

Na vanguarda das finanças éticas

Slow Money se inscreve na corrente mais ampla das finanças éticas e dos investimentos socialmente responsáveis em pleno desenvolvimento nesses últimos anos. Uma grande variedade reina no centro dessa nebulosa que se distingue por uma escolha de alocação focada. Nela estão organizadas tanto as finanças islâmicas que banem o lucro e os investimentos julgados impuros, como o álcool e os cassinos, quanto órgãos que propõem investir em empresas de políticas favoráveis às mulheres ou em fundos de investimento especializados no desenvolvimento sustentável.

Na Europa, encontram-se instrumentos que desenvolvem políticas de investimento relativamente próximas de Slow Money, a exemplo dos bancos reunidos sob a égide da Federação Europeia de Bancos Éticos e Alternativos (Febea). Entre estes membros, figuram algumas organizações francesas, como a Caisse Solidaire du Nord-Pas-de-Calais ou o Crédit Coopératif. As missões que são atribuídas a essas diferentes instituições variam entre créditos à agricultura orgânica, ao habitat sustentável, às microempresas ou, ainda, ao microcrédito direcionados a países do sul. Algumas têm uma tipologia militante e empregam essencialmente voluntários, outras são estruturas profissionais que são simplesmente sensíveis às temáticas éticas.

A crise financeira de 2008 deu um empurrão às finanças socialmente responsáveis. Algumas práticas especulativas foram questionadas. Os fundos de pensão tornaram-se muito mais sensíveis aos investimentos éticos em reação às posições por vezes altamente especulativas que eles tinham adotado antes da crise.

No entanto, essas iniciativas permanecem extremamente marginais em comparação às finanças tradicionais, que, apesar das crises, prosseguem com sua aceleração. Assim, uma das últimas invenções da engenharia financeira se chama *high-frequency trading* (HFT). Com a ajuda de processadores superpotentes e conexões ultrarrápidas, algoritmos de cálculo automáticos investem 24 horas por dia, segundo após segundo, em contas de fundos de cobertura e bancos de investimento. Não é mais o ser humano, mas o computador configurado por este último que decide sobre posições a tomar, que podem ser revendidas de um segundo para outro, provocando, entre outros problemas, uma instabilidade crônica dos mercados. Sabe-se que o *flash crash* de 2010 foi em parte causado por esses instrumentos. Exemplo extremo, o HFT demonstra a evolução geral da indústria financeira, sempre mais rápida e robótica. Os volumes de transações aumentaram de maneira exponencial durante esses últimos anos. Em Wall Street, 3 milhões de ações passavam de uma mão a outra a cada dia em 1960. A barreira dos 100 milhões foi ultrapassada em 1982, a do bilhão em 1997, a dos 2 bilhões em 2001 e a dos 5 bilhões em 2007.

> A informatização fez nascer uma nova dimensão das finanças. Da mesma forma que um ônibus espacial levou o homem ao espaço nos anos 1950, outras matemáticas exóticas – nesse caso, a avaliação de ativos, a teoria das opções, os modelos de volatilidade e de preços – levaram as finanças a uma galáxia de lucros até então inexplorada. Transformar o dinheiro em equação e impulsão digitais permitiu varrer as restrições de tempo e de geografia e criar um terreno vago transnacional no interior do qual os *traders* de Nova York, Londres e Paris lutam entre si eletronicamente com o euro e o baht tailandês.[3]

Nessa estratosfera financeira, o dinheiro não serve mais majoritariamente a não ser para gerar ainda mais dinheiro sem verdadeiramente alimentar a economia real. As operações acontecem com tal rapidez e os produtos financeiros se complexificam tanto a ponto de o antigo secretário americano do Tesouro, Robert Rubin, chegar a afirmar no momento do colapso financeiro: "Nós não sabemos de nada".

Pai fundador do liberalismo econômico, Adam Smith defendia a ideia de que o egoísmo dos agentes econômicos combinado às leis do mercado conduz à harmonia social. A mão invisível do mercado equilibra a ganância dos indivíduos. As finanças contemporâneas

---

[3] Kevin Philips, *Wealth and Democracy, a Political History of the American Rich* (Nova York: Random House, 2003).

valem-se sempre dessa teoria que Adam Smith desenvolveu observando a economia de sua época dominada pelo artesanato. Essa teoria que libera os indivíduos de toda forma de moderação leva ao crescimento ininterrupto das riquezas, o que passa por uma exploração sempre mais significativa dos recursos do planeta.

A ganância valorizada por Smith não pesava sobre a Terra quando os habitantes eram pouco numerosos, os espaços vastos e os recursos abundantes. Hoje, inúmeras radiografias do mundo assinalam um planeta em estado de superaquecimento e com um enfraquecimento alarmante de recursos, entre os quais as energias fósseis. Submissa ao *diktat* do crescimento reclamado pelo mercado, a agricultura industrializou-se até provocar a erosão de inúmeras terras aráveis e significativas poluições em certas regiões do mundo por meio do emprego de pesticidas e de fertilizantes.

O dinheiro rápido fazia sentido quando as corporações eram pequenas e o mundo era grande, quando os recursos e os espaços para se ocupar pareciam infinitos, quando a produção de massa tinha por objetivo aumentar o nível de vida. Nós não temos mais tempo disponível hoje para seguir essa rapidez. Nós devemos encontrar novas formas de desenvolver o progresso.[4]

Para neutralizar esses efeitos nefastos para nosso meio ambiente, Slow Money defende o retorno a uma agricultura que pesa menos sobre os ecossistemas. Herdeiro do pensamento holístico de Slow Food, Woody Tasch deseja um novo sistema financeiro que se adapte a esse modo de cultura de rendimento mais baixo, a essas empresas agrícolas de tamanhos reduzidos e a essa filosofia que valoriza o longo prazo.

Nós somos os 99%

Slow Money reflete também o desinteresse popular pelas finanças e por seu símbolo mais forte: Wall Street, particularmente

---

4   Woody Tasch, *Inquiries into the Nature of Slow Money*, cit.

criticado desde a crise financeira, sobretudo pelo movimento de contestação Occupy Wall Street. Em sua obra, Woody Tasch brada várias vezes sua incultura em matéria financeira. Expondo, assim, sua ignorância – seja ela falsa, seja real, pouco importa –, o guru de Slow Money subentende que as finanças, por sua rapidez e abstração, tornaram-se algo inconcebível para o cérebro humano.

De fato, é difícil negar que as finanças apostam em instrumentos cada vez mais opacos, os quais, no entanto, não mascaram que elas jogam com o dinheiro para elas mesmas, sem irrigar a economia real. Desse modo, Slow Money busca dar um sentido mais comum ao dinheiro privilegiando o investimento na economia real. Encontra-se aqui a oposição clássica entre Wall Street e Main Street. Mas a crítica de Tasch não para aqui, pois ele despreza também o capital de risco que aposta muito em setores suscetíveis a crescer rapidamente em detrimento dos investimentos a longo prazo e, portanto, verdadeiramente sustentáveis. Enfim, ele também ataca as fundações filantrópicas que demonstraram suas lacunas. Acusou-se, por exemplo, Bill Gates de investir os enormes lucros de sua fundação em causas que contradizem seus objetivos.

Diante dessas dinâmicas negativas do capitalismo, Slow Money convida a voltar aos elementos fundamentais que são a terra, o solo e a agricultura. Um retorno à terra, que nos Estados Unidos conhece seu arauto na figura do poeta camponês Wendell Berry, do Kentucky – uma importante influência de Slow Money. Berry se tornou o entusiasta da América rural e o carrasco da indústria agroalimentar. Na linhagem de David Thoreau, ele milita por uma relação pacífica com a natureza.

Economicamente, o movimento se inspira nos trabalhos de Ernst Friedrich Schumacher, autor do livro *Small is Beautiful: a Study of Economics as if People Mattered*, de 1973. O título da obra de Tasch inclusive faz uma homenagem explícita a esse livro. Em seu ensaio, escrito que toma como referência a crise do petróleo dos anos 1970, Schumacher desenvolve principalmente o conceito de metaeconomia. Essa abordagem holística insiste na necessidade de se levar em conta certos parâmetros, como a existência de recursos terrestres limitados, enquanto a economia clássica considera a terra como algo imutável.

Assim, Schumacher introduz, pela primeira vez na literatura econômica, o conceito de capital natural.

Oposto ao que ele chama de fetichização do gigantismo, Schumacher defende igualmente uma forma de localismo. Ele salienta que as pequenas unidades geográficas permitem evitar os fenômenos de desenraizamento de indivíduos que se amontoam nas favelas das megalópoles, por exemplo. Ele deseja um desenvolvimento regional harmonioso. "Um regionalismo, não no sentido de combinação de vários estados em um sistema de livre comércio, mas naquele de desenvolver todas as regiões no seio de um país."[5]

Slow Money também é um rebento do *crowdfunding* ou financiamento colaborativo, uma tendência em plena expansão nos Estados Unidos e recentemente importada para a Europa, fundado na troca, na doação e no compartilhamento das energias. Esses novos modelos beneficiam-se do apoio de tecnologias de comunicação que permitem colocar em rede inúmeros atores. A ONG Kiva, por exemplo, propõe aos internautas emprestar dinheiro a sociedades de microcrédito, pelas quais empreendedores de países em desenvolvimento podem ser financiados. Com o mesmo modelo, existem os sites Ulule ou KissKissBankBank na França, nos quais os agentes do setor criativo apresentam descrições de projetos que eles desejam realizar, mas para os quais faltam fundos. Os internautas interessados pelo projeto podem assegurar sua produção fazendo doações. Se o montante pedido é alcançado e o projeto se realiza, os doadores recebem presentes ou acessos privilegiados da parte dos artistas ou das empresas iniciantes.

Um modelo entre filantropia e investimento

O conceito de Slow Money é controlado pela associação sem fins lucrativos de mesmo nome, instalada na cidade de Boulder, no Colorado. Como é explicado muito bem em seu site, a associação

---

[5]   Ernst Schumacher, *Small is beautiful: une société à la mesure de l'homme* (Paris: Seuil, 1973).

tem por objetivo "devolver o dinheiro à terra". Em outras palavras, Slow Money ajuda as empresas agroalimentares de orgânicos a encontrar capital para assegurar o seu desenvolvimento. Fundada em 2009, o Slow Money permanece, por ora, um movimento emergente. A natureza de suas ações, bem como os meios atribuídos à sua missão, podem, portanto, parecer ainda muito limitados em comparação à ambição de seu programa.

No momento em que escrevemos estas linhas, Slow Money está prestes a lançar o maior instrumento de seu dispositivo, batizado de Soil Trust. Esse projeto mistura habilmente filantropia e investimento. Ele se inspira no modelo de empréstimo participativo inventado por Kiva. O Soil Trust vai tentar reunir doações privadas de um valor médio de 50 dólares por doador. A prazo, seus proponentes esperam que milhões de doadores contribuam com esse fundo. Em seguida, no lugar de ser simplesmente dado a empresas agroalimentares, o Soil Trust apenas emprestará o dinheiro que servirá como garantia, como investimento ou como capital inicial. O dinheiro que voltará ao fundo será então reinvestido em outros projetos, e assim por diante.

Slow Money já organizou várias coletas para alimentar esse fundo, sobretudo junto de personalidades do mundo agroalimentar e da economia. Um total de 226 membros fundadores injetaram cerca de US$ 1,2 milhão em 2008, antes mesmo da oficialização dos princípios da associação. Esta continua a chamar doadores propondo-lhes tornarem-se membros da associação por uma contribuição mínima de 50 dólares. Em 2011, a associação arrecadou US$ 300 mil dessa maneira, o que permitiu catalisar um fluxo de investimento de US$ 6 milhões em favor de dezenas de pequenas empresas alimentares nos Estados Unidos.

Além dessas atividades dirigidas a partir da sede de Boulder, Slow Money está ativa também no âmbito regional por meio de seus "capítulos" locais. A metade do dinheiro depositado pelos membros, aliás, volta para o grupo de origem dos doadores. Esses grupos propõem diversos serviços de acordo com os lugares. A maioria está organizada ao redor de um punhado de investidores ou de membros fundadores do Slow Money. Estes últimos agrupam-se em torno de projetos que desejam apoiar. Citemos, por exemplo, esses nove investidores de São Francisco que se uniram para emprestar um total de US$ 40 mil para a Soul Food Farm, um criadouro de galinhas ao ar livre. Alguns oferecem também garantias de pagamento para facilitar o acesso ao crédito para empresas iniciantes. Outros servem de vitrine para as sociedades agroalimentares que sofrem com a falta de investimento.

Em complementação a essa ação direta, Slow Money propõe uma lista bastante exaustiva de fundos socialmente responsáveis que permitem investir segundo seus princípios em empresas alimentares locais. Existem dentro desse repertório tanto entidades abertas a todos que solicitam investimento de somas mínimas relativamente baixas (mil dólares), quanto fundos reservados aos investidores qualificados.

Alguns projetos apoiados por Slow Money

Slow Money investiu mais de US$ 19 milhões em 139 pequenas empresas agroalimentares nos Estados Unidos desde sua criação em 2009. Um primeiro empréstimo foi registrado no exterior, na Suíça, por um investidor que permitiu equipar uma queijaria com placas solares.

As operações de Slow Money mais numerosas encontram-se nos estados da costa leste. Fundado em 2010 por dois voluntários, o grupo de Nova York organizou vitrines de empresas que permitem colocar empresários com potenciais investidores em contato. Ele também lançou a plataforma *on-line* Foodshed Investors NY, conhecida anteriormente como NYC Lion, que permitiu destinar US$ 250 mil na *holding* King of the Ghosts LLC, à qual pertencem diversos restaurantes e um produtor agrícola.

Em Massachusetts, dois membros fundadores criaram um fundo de US$ 250 mil. Em Boston, um conselheiro em investimentos membro do Slow Money favoreceu o investimento de US$ 170 mil por parte de seus clientes a empresas alimentares. Entre os outros

:: DESACELERE • OUSE DIMINUIR O RITMO E VIVA MELHOR

projetos recenseados no estado, estão um empréstimo ao Organic Renaissance, um sistema de distribuição local, assim como um segundo empréstimo em abril de 2012 para Valley Malt, produtora de malte orgânico.

Slow Money Maine emprestou dinheiro à indústria de moagem orgânica Maine Organic Milling Cooperative e a cerca de cinquenta outras empresas alimentares. No total, esse grupo local doou ou investiu US$ 3,5 milhões na agricultura regional.

Uma nova ética do dinheiro

O idealismo está claramente no coração da filosofia Slow Money. Mas é difícil imaginar que o desejo de uma terra mais limpa, com solos férteis e com uma alimentação local possa suplantar a ganância que faz funcionar o sistema capitalista internacional há vários séculos. A cultura do lucro e do crescimento sem limites parece muito enraizada em nossa civilização para que ela possa passar a uma cultura mais simples.

Contudo, a maneira como o Slow Money percebe o mundo parece adequada à apreciação de muitos entre nós. Dos sonhos de Woody Tasch, o que parece mais palpável é aquele em que milhares de pessoas investem 1% de suas fortunas na economia sustentável. Tendo em vista o desencantamento com relação às finanças mundiais, podemos imaginar que alguns fiquem tentados por sua solução que não promete nenhum retorno mirabolante, mas tampouco exige somas exorbitantes. Slow Money também tem a vantagem de propor um modo de investimento simples e direto. O investidor sabe exatamente para onde vai seu dinheiro e para que ele serve. O inverso são, portanto, produtos estruturados totalmente abstratos. O sucesso de Slow Money é correlato à tomada de consciência da importância de se comer orgânico e local. Enquanto a maioria da população não se interessar pelos produtos que estão em seu prato, será difícil convencê-la amplamente a colocar a mão no bolso em favor desse modo de produção e de distribuição.

92

Slow Education
UMA ESCOLA PÚBLICA DESIGUAL

Slow Education visa incentivar uma educação mais individualizada que leve em consideração os ritmos e as aptidões de cada aluno. Carl Honoré e o professor catalão Joan Domènech Francesch, as principais figuras associadas a essa corrente, constatam que o sistema escolar está submetido ao mesmo fenômeno de aceleração que o conjunto da sociedade: os programas lhes parecem sobrecarregados, as exigências de resultados sempre maiores e as desigualdades mais marcadas que outrora. Eles lançam a hipótese de que libertando a escola dos entraves do tempo, a educação ganharia em qualidade, profundidade e humanidade.

A escola sofre constantemente as críticas e os questionamentos de uma ampla fronte de difamadores. Na França, a educação nacional mais parece um eterno canteiro de obras, cujo avanço é adornado por pequenas polêmicas e grandes debates. As críticas seguem direções muito opostas, conforme a posição ou a ideologia daqueles que as fazem. Para alguns nostálgicos da palmatória, a escola não é mais suficientemente rigorosa. Outros afirmam que ela prepara mal para o mundo do trabalho. Alguns militam pela supressão das notas. Ela também é acusada de reproduzir as desigualdades sociais. O conservadorismo dos professores, o aumento da violência nos estabelecimentos, uma dita baixa do nível ou, ainda, a desvalorização dos diplomas são outras acusações frequentemente proferidas contra a escola pública. De maneira geral, todas essas críticas permitem pensar que a instituição vai mal. Uma abundante literatura assinada por professores universitários iconoclastas, pais de alunos inquietos

:: DESACELERE • OUSE DIMINUIR O RITMO E VIVA MELHOR

ou editorialistas panfletários floresce a cada ano em livrarias tendo por objetivo "salvar" a escola ou alarmar a opinião pública sobre sua suposta ruína.

Pressionado de todos os lados, cada novo ministro da Educação Nacional consulta especialistas e solicita relatórios. Algumas dessas consultas dão lugar a reformas concretas, outras entram em um beco sem saída e são reduzidas a nada pela falta de meios ou pelo imobilismo dos atores em campo. As mudanças de programa, por exemplo, esbarram com frequência com a vontade indomável dos professores de diferentes disciplinas em defender suas quotas de horas de ensino.

Para além dos discursos inflamados, por vezes mal-informados ou ideologicamente enviesados, as pesquisas do Programa Internacional de Avaliação de Estudantes (Pisa), realizadas a cada ano pela OCDE, permitem avaliar o sistema escolar com mais objetividade. Segundo os resultados da edição de 2009 dessa classificação internacional acompanhada muito de perto pelos políticos encarregados e os profissionais do ensino, a França possui um sistema educativo relativamente performático, mas muito desigual, que forma uma minoria de alunos brilhantes, oriundos em sua maioria de classes privilegiadas. Na outra ponta da cadeia, a instituição escolar parece incapaz de fazer progredir um grupo de alunos originário de meios modestos, em particular, de setores de imigração. A França parece bloqueada no impasse levantado por Pierre Bourdieu e Jean-Claude Passeron[1] nos anos 1970. Esses sociólogos afirmavam que

> A reprodução das desigualdades sociais pela escola vem da implementação de um igualitarismo formal, a saber, que a escola trata como "iguais em direitos" indivíduos "desiguais de fato", ou seja, preparados desigualmente por sua cultura familiar para assimilar uma mensagem pedagógica.

Conscientes desse problema, os dirigentes socialistas tinham empreendido em sua chegada ao poder, em 1981, uma reforma do

---

[1] Pierre Bourdieu e Jean-Claude Passeron, *La reproduction. Eléments pour une théorie d'un système d'enseignement* (Paris: Éditions de Minuit, 1970).

sistema educativo a fim de acompanhar melhor os alunos de meios modestos. Foi uma questão de luta contra o fracasso escolar, de democratização do acesso aos estudos superiores, de ajuda pedagógica aos alunos com dificuldade ou, ainda, de discriminação positiva. Entre as novidades implementadas, houve as Zonas de Educação Prioritárias (ZEP). Essas ZEP foram munidas de mais recursos, professores voluntários mais bem pagos e psicólogos para acompanhar os alunos. Os pesquisadores hoje se reconhecem céticos diante dessa medida. "Os estabelecimentos encontram frequentemente um ambiente melhor, mas penam a maior parte do tempo para alcançar um nível escolar satisfatório",[2] assinala Vincent Troger. Jean Vial vai mais longe evocando um "desvio em direção ao assistencialismo" dessas estruturas.

De sua parte, a socióloga da educação Marie Duru-Bellat afirma que a escola falha em seu papel de ascensor social. Apesar do aumento espetacular do tempo de escolarização – enquanto 5% de uma classe de mesma idade concluía o ensino médio em 1950, hoje eles são 70% –, a origem social pesa sempre mais que os diplomas. Durante os Trinta Gloriosos, a passagem do *status* de operário ao de empresário de uma geração para outra era bastante frequente, mas muito mais por causa das transformações da economia em pleno desenvolvimento que de um excedente escolar. "A abertura do sistema escolar não conduz mecanicamente a uma maior mobilidade social, e as evoluções da estrutura dos empregos importam bem mais que a difusão da educação."[3]

O objetivo de alcançar os 80% de jovens com ensino médio concluído anunciado nos anos 1980 seria em vão se acreditarmos nessa pesquisadora. A meritocracia à la francesa se passará por um engodo. Seria preciso, assim, talvez se inspirar na Suíça que incentiva a aprendizagem ao sair da escola obrigatória. Com sua taxa de desemprego estagnada por volta de 3% ou 4%, esse país tenderia a demonstrar que a via profissional constitui um meio mais bem pago

---

[2]   Vincent Troger, *L'École* (Paris: Le Cavalier Bleu, 2001).
[3]   Marie Duru-Bellat, *L'Inflation scolaire* (Paris: Seuil, 2006).

do que longos estudos para assegurar a inserção de jovens no mercado de trabalho.

A escola pública francesa permanece igualmente muito ligada a certos princípios como a sanção do resultado. Já na Finlândia, que figura sempre no pelotão de frente da classificação Pisa, avalia-se muito pouco e nunca se dá nota inferior a 4 do total de 10 para não desmotivar os alunos. Em vez de procurar preencher a todo custo as lacunas dos alunos, como na França, os professores finlandeses apostam em seus respectivos pontos fortes. A Finlândia oferece, assim, a possibilidade aos seus alunos do ensino médio de terminar projetos escolares à noite em suas casas sem supervisão particular. Medidas que parecem muito pouco concebíveis na França, onde as atividades são minutadas e policiadas.

As pesquisas do Pisa (2009) também demonstram que mais, em matéria escolar, não significa necessariamente melhor. A França é o país que mais conta horas de curso no programa escolar na Europa, com 7.500 horas para os alunos de 7 a 15 anos. A Finlândia dispensa apenas 5.500 horas durante os mesmos oito anos.

A questão do tempo, no coração da Slow Education, foi objeto de debates na França durante as eleições presidenciais de 2012. Se o ponto ainda não foi reduzir o número de horas, o ministro socialista da Educação Nacional Vincent Peillon procurou dosá-las melhor para reduzir o cansaço dos alunos. Ele reformulou o calendário das férias, colocando em outros períodos as longas férias estivais. Também anunciou a volta da semana de quatro dias e meio no lugar de quatro, uma promessa de campanha de François Hollande.

Pode-se esperar que a escola pública consiga incorporar uma parte das críticas que lhe são feitas. Sua história mostra que alguns preceitos da nova pedagogia, como o da aprendizagem pelo real, se popularizam, em especial sob a forma de aulas verdes ou prática de trabalhos manuais. Quando foi ministro da Educação Nacional, nos anos 1990, o centrista François Bayrou impôs uma reforma do *collège* (equivalente ao ensino fundamental II no Brasil). As disciplinas que contribuíam para o desenvolvimento da criança, como as matérias artísticas, a educação física e as tecnologias, foram ampliadas. Começou-se a trabalhar as ciências físicas e naturais em cargas horárias reduzidas. A progressão dos alunos se faz por níveis que permitem controlar o percurso escolar. Nivelamentos de reforço são programados para a sexta série aos alunos em dificuldade. Mais ambicioso ainda, Lionel Jospin salientava, em 1989, que a criança devia ser "um ator de sua própria orientação". Essa afirmação, que tinha virado chacota para políticos conservadores, contudo, nunca se traduziu em evoluções concretas.

As mudanças marcadas ao longo dos anos não modificaram o "mastodonte" descrito por Claude Allègre que parece sofrer de excesso, com programas pletóricos, enquanto se admite facilmente que a pretensão enciclopédica é hoje em vão por causa do aumento constante dos conhecimentos.

A Slow Education censura a pressão demasiado forte que pesa sobre os alunos, bem como a ausência de tempo ocioso, de tempo para respirar, sonhar, desenvolver novas formas de inteligência e de qualidades humanas, como a empatia ou a convivialidade. Ainda mais porque os alunos levam essa sobrecarga para casa em suas mochilas com os deveres que se somam à tendência parental de multiplicar as atividades extraescolares de suas crianças. A agenda delas explode. O emprego do tempo parece demonstrar mais a angústia dos pais do que um programa pedagógico sensato, capaz de deixar tempo aos aprendizes para assimilar novas matérias, descobrir a vida e as interações humanas, ter experiências por eles mesmos e não somente sob a direção dos adultos.

As novas pedagogias

Faz muito tempo que a educação é atravessada por debates, controvérsias e inovações. À margem da escola pública, indivíduos ou coletivos desenvolveram teorias da educação por vezes bastante originais, com a ambição de promover outras formas de aprendizagem, mais centradas nos alunos e em seu desenvolvimento. De Jean Pestalozzi a Maria Montessori, passando por Ovide Decroly ou Rudolf Steiner, esses precursores desenvolveram pesquisas e experiências práticas que também influenciaram a escola pública, hoje

:: DESACELERE • OUSE DIMINUIR O RITMO E VIVA MELHOR

menos autoritária e mais intuitiva que sua ancestral de antes da Guerra. Oriunda da esquerda progressista, a nova pedagogia foi erigida contra a instituição majoritária considerada muito burguesa e reacionária e que não permite a emancipação dos alunos. Ela conheceu um impulso particularmente acentuado durante o período de efervescência ideológica dos anos 1960-1970. O desejo, então muito difundido, era o de tentar métodos diferentes, defender práticas sociais coletivas, anti-institucionais, até mesmo significativamente selvagens, tanto na escola quanto em casa, onde a educação familiar progredia em uma direção menos autoritária. Em sua defesa de uma abordagem individual, a Slow Education se apresenta como uma herdeira ou uma variante desses modelos pedagógicos alternativos.

Jean-Paul Resweber define o livro *Émile ou de l'éducation*,[4] de Jean-Jacques Rousseau, como "o estatuto" dessas novas pedagogias. Segundo o genovês, a criança, que nasceu boa, não precisa ser educada pela sociedade já que é ela que a corrompe. A criança é um sujeito ao qual se deve oferecer as condições para que faça o seu aprendizado do mundo. Essa pedagogia não diretiva do "deixar crescer" expressa no livro incentiva o espírito de dedução. Rousseau insiste que a criança deve descobrir certos princípios por sua própria iniciativa, mais do que lhe dar imediatamente as chaves da experiência. A natureza, sendo boa por definição, não pode inspirar o mal na criança, são mais os pressupostos e as normas da sociedade que provocam essas tendências negativas. Nesse sistema, o educador deve desempenhar um papel mais recuado, mais como um guia que um diretor de consciência, e nunca deve substituir a experiência do aluno.

Grande admirador de Rousseau, Leon Tolstói vai abrir uma escola em sua propriedade Yasnaya Polyana, em 1849. Ele recebe as crianças dos camponeses, que podem ir e vir quando quiserem. Sob a República de Weimar, as escolas libertárias de Hamburgo experimentam uma pedagogia antiautoritária na Alemanha. O conteúdo dos aprendizados depende inteiramente do que as crianças têm vontade de aprender. Essas escolas de modo operacional radical recusam

---

4   Jean-Jacques Rousseau, *Émile ou de l'éducation* (Paris: GF Flammarion, 2009).

a distância entre a criança e o pedagogo, que se torna um "mestre--companheiro". Demasiado anarquista, a experiência desintegra-se antes de ser totalmente proibida pelos nazistas quando de sua chegada ao poder.

O movimento da antipedagogia nos anos 1960-1970 vai criticar a transmissão clássica dos saberes. Entre os teóricos dessa corrente, encontram-se Michel Foucault, que vê na escola uma estrutura de confinamento; Pierre Bourdieu, que a assimila a um lugar de reprodução de desigualdades sociais; Ivan Illich, que a concebe como um espaço reprodutor da sociedade de consumo; ou, ainda, Maud Mannoni, que estima que ela separa a criança de seus desejos. De maneira geral, é a relação de poder entre o aluno e o professor que é crucificada. Segundo esse modelo sobretudo teórico, o professor deveria ter um papel de secretário que explicita os dados, lança o debate, mais do que o de um juiz que determina as aptidões.

A essa tentativa de supressão de uma instituição alienante opõem-se métodos que buscam criar a instituição escolar ideal, valorizando a noção de grupo-classe que se autogestiona sem pressão exterior. A lentidão está no coração de seu funcionamento: "A pedagogia institucional apoia-se em um processo de maturação e abre o espaço indispensável ao trabalho paciente do desejo, em suma, transforma o tempo em história, ou seja, em interpelação".[5] Célestin Freinet, figura maior da pedagogia institucional nos anos 1920, coloca em evidência a dinâmica de grupo, a cooperação na aprendizagem. Ele estima que, quando o trabalho está corretamente organizado, o aluno se apaixona pelo estudo e o professor não tem a menor necessidade de recorrer à autoridade que está associada à da "violência". Seu modelo conhece um sucesso significativo. Dezenas de escolas apropriam-se de seus métodos pela França.

A partir do final da década de 1960, assiste-se a uma multiplicação de experiências das mais diversas à margem do sistema. Alguns criam escolas itinerantes. Alunos viajam, por exemplo, em um veleiro durante todo um ano escolar. Estabelecimentos valorizam a autodisciplina, outros se descrevem como "lugares de vida" para crianças

---

[5] Jean-Paul Resweber, *Les Pédagogies nouvelles*, Coleção Que sais-je? (Paris: PUF, 2008).

:: DESACELERE • OUSE DIMINUIR O RITMO E VIVA MELHOR

e adultos. Em 1975, a criação das escolas de ensino fundamental II Les Rousses, em Jura e Loire, já tem por objetivo responder à problemática dos ritmos escolares, os quais esses estabelecimentos adaptam às necessidades de todos os alunos.

No começo dos anos 1980, o ministro socialista Alain Savary cria alguns liceus experimentais no sistema público. No entanto, as mudanças sucessivas de ministros, uma baixa geral da militância dos pais, bem como o desenvolvimento da ideologia neoliberal exigindo competição e resultados, vão limitar o desenvolvimento da pedagogia alternativa na escola pública. Apesar disso, assiste-se a um novo impulso na década de 1990. Em virtude da massificação dos estudos, cada vez mais jovens abandonam a escola e o mau comportamento no ensino fundamental II e no ensino médio aumenta. Essa situação leva professores e diretores a inventarem sistemas diferentes, que permitem escolarizar outra vez os alunos que estão para reprovar. Citemos por exemplo o Lycée du Temps Choisi, criado em Paris por Gilbert Longhi, que prepara alunos em ruptura com o sistema para a conclusão do ensino médio. A estrutura respeita o programa oficial do último ano, mas oferece os cursos por blocos de três ou quatro horas consecutivas de uma mesma disciplina. A agenda é estudada para deixar períodos livres para cada aluno.

Um novo uso do tempo educativo

Fundamentalmente opostos ao sistema de meritocracia, que, segundo eles, se resume a uma corrida pelos saberes e resultados imediatos, jornalistas e professores – como Maurice Holt nos Estados Unidos, Carl Honoré na Grã-Bretanha e no Canadá, Joan Domènech Francesch na Espanha e Gianfranco Zavalloni na Itália e no Brasil – desenvolveram uma reflexão a respeito dos ritmos escolares e dos tempos de aprendizagem. Esses defensores da Slow Education dão ênfase à qualidade do tempo associada à busca de uma verdadeira qualidade de vida na escola e fora dela. Mais que lentidão, a questão é encontrar o *tempo giusto*, ou seja, o ritmo que convém a cada um.

SLOW EDUCATION ::

Primeiro objetivo da Slow Education: não deixar nenhum aluno de lado e favorecer o desenvolvimento de todos em uma sociedade que tem a tendência de sufocar os indivíduos e suas aspirações. Essa pedagogia privilegia as cabeças bem-feitas mais do que as cabeças bem cheias. Ela aposta na aquisição de competências a cada momento da aprendizagem mais do que nos saberes a serem aprendidos totalmente. "A educação é um processo qualitativo que repousa mais sobre a aquisição de estratégias, de conhecimentos, de valores e de aptidões que nos tornam mais humanos e fazem de nós cidadãos ativos em uma sociedade complexa", escreve Joan Domènech Francesch.[6]

A Slow Education também convida a considerar a educação em sua dimensão emocional. Sem uma boa gestão das emoções, um aluno inteligente, até mesmo muito inteligente, será por vezes levado ao fracasso no sentido da exploração de seus processos cognitivos. Aptidões cognitivas que, a propósito, seriam bem mais ricas do que se pode imaginar, segundo o que leva a crer um estudo desenvolvido na década de 1980 pelo professor de neurologia Howard Gardner[7] na faculdade de medicina de Boston. Essa pesquisa, *Les intelligences multiples*, nos explica sobre a existência de sete formas distintas de inteligência humana. O sistema de educação tradicional infelizmente tem a tendência de solicitar apenas uma parte limitada dessas formas de inteligência, concentrando-se prioritariamente no eixo dos conhecimentos abstratos lógico matemáticos. As inteligências linguística, espacial, intra ou interpessoal, musical, etc., são amplamente deixadas de lado. Por falta de serem suficientemente estimuladas, elas desaparecem pouco a pouco, o que representa um desperdício em inúmeros casos.

A Slow Education também se opõe aos objetivos quantitativos e tecnocráticos fixados pelo sistema educacional clássico. Ela associa uma parte dos programas à lavagem cerebral e protesta contra as matérias inadaptadas ou inúteis. Ela combate o acúmulo de saberes fragmentados e o frenesi de provas que reduzem o tempo dedicado

---

[6]   Joan Domènech Francesch, *Elogio de la educación lenta* (Barcelona: Editorial Graó, 2009).

[7]   Howard Gardner, *Les intelligences multiples* (Paris: Retz, 2004).

à aprendizagem – de acordo com Joan Domènech Francesch, este não ultrapassa 15% do tempo passado em sala de aula. O tempo utilizado em outras atividades causa deficiência, em primeiro lugar, nos alunos com dificuldade, que necessitam de mais tempo para assimilar novos conteúdos. Assim, o atraso aumenta à medida que o precioso tempo corre.

Os pais têm sua parte de responsabilidade nesse fenômeno de aceleração educativa ao cederem à crença de que "o antes e o mais rápido" é benéfico para seus filhos. Como ocorre na escola, sua prole não tem mais tempo livre para descansar, refletir, sonhar ou entediar-se em casa. Para satisfazer as exigências dos pais, as crianças acumulam as atividades sem realmente tirar proveito do momento presente. A Slow Education opõe-se a esse modelo no qual a infância torna-se o espelho das forças e das fraquezas dos pais.

Ela propõe que as crianças tornem-se quem elas são, conforme uma gestão do tempo mais livre, e não aquilo que nós gostaríamos que elas fossem. Para tanto, é importante deixar os *insights* se produzirem no momento adequado, em vez de se obstinar a provocá-los por um frenesi pedagógico. O sistema educacional não tem o poder de decidir em qual momento preciso uma criança poderá adquirir competências, tanto quanto não se pode determinar quando um bebê dará seus primeiros passos.

O tempo deve, portanto, pertencer às crianças, aos professores e aos pais. A Slow Education recomenda uma alternância entre o tempo cheio, plenamente educativo, e o tempo de ócio, mais contemplativo, próximo do tédio e do discurso deliberativo de Aristóteles.

Nesse modelo, as crianças são então os mestres de seus processos de aquisição. Em contrapartida, a "competição" não é totalmente banida, desde que ela permaneça positiva e que a criança saia dela ganhando. A Slow Education estima que as competências são adquiridas graças a uma boa dose de motivação que o professor deve estimular em seus alunos. Uma dinâmica de êxito, oposta ao medo do fracasso, propicia o desenvolvimento de cada um.

A Slow Education insiste igualmente na necessidade de organizar períodos de tempo suficientes de repouso e de sonho para a criança fora da instituição escolar. Uma concordância deve ser

SLOW EDUCATION ::

encontrada entre os ritmos no interior e no exterior da escola. Agir nessa direção deve permitir à criança assimilar uma soma de saberes empíricos e competências fundadas na participação ativa e na experiência pessoal criativa.

Os quinze princípios de uma educação lenta[8]

Esses princípios são mais proposições para refletir, por meio de um novo olhar, sobre o conceito de tempo, sobre o melhoramento de toda a educação. Não se trata tanto de melhor nos organizarmos, mas de sermos capazes de ajustar os atos educativos, ao mesmo tempo, à atividade e ao aprendiz. Devolver o tempo à aprendizagem, aos agentes da educação, em uma perspectiva qualitativa, é uma das chaves para tentar melhorar esse processo tão importante para nossa sociedade.

Concretamente, é importante que as crianças compreendam e aceitem o princípio da medida do tempo, uma vez que nada será feito sem ele. A seguir, cabe aos pais fornecer às crianças tempo livre o bastante, sem sobrecarga de atividades, a fim de que elas possam refletir, descobrir e explorar seu universo. Para isso, uma dose de confiança mútua em suas capacidades é necessária.

1) A educação é uma atividade lenta.

A educação profunda que conduz à compreensão de fenômenos e do mundo e que vai mais longe que uma simples transmissão se estende no tempo e demanda uma atitude aberta e flexível para se desenvolver.

2) As atividades educativas definem elas mesmas seu tempo necessário (e não o contrário).

Cada aprendizado tem necessidade de um tempo específico para se desenvolver e se consolidar. Para transformar os

---

[8]   Trecho de Joan Domènech Francesch, *Elogio de la educación lenta*, cit.

conhecimentos em saberes, é preciso de um tempo que seja aberto sob diversas dimensões.

3) Em educação, menos é mais.

A sobrecarga de conteúdos e de objetivos educativos não produz diretamente mais aprendizados. Também é oportuno que as finalidades e os objetivos sejam selecionados por e segundo cada contexto educativo.

4) A educação é um processo qualitativo.

A educação é um processo que afeta nossa maneira de sentir, de pensar e de agir. A educação não é a repetição, a reprodução ou a acumulação de um dado número de informações estruturadas e sequenciadas em um manual. A educação tem por finalidade os aprendizados amplos, profundos, duráveis e que têm sentido.

5) O tempo educativo é global e interligado.

O ensino fragmenta e compartimenta o que, no ser humano e em suas aprendizagens, está interligado. Os *stimuli*, os espaços e os momentos educativos fazem parte de um mesmo processo individual e coletivo.

6) A construção de um processo educativo tem de ser sustentável.

A educação se constrói levando em conta as contribuições do passado, a bagagem, o ponto de partida e também as consequências que terão, no futuro, nossas ações presentes.

7) Cada criança e cada pessoa tem necessidade de um tempo próprio para seus aprendizados.

Visto que nenhum aluno nem ninguém adquire seus aprendizados de uma mesma maneira, a atenção dada a cada aprendiz tem de ser modulada.

8) Cada aprendizado tem seu momento.

Mesmo se nós avançarmos os aprendizados no tempo, nós não obteremos melhores resultados em médio e longo prazo. Em educação, "antes" nem sempre é "melhor" e cada aprendizado demanda um tempo adequado que deve ser apenas respeitado.

SLOW EDUCATION ::

9) Para aproveitar melhor o tempo, definir e hierarquizar as finalidades da educação.

O problema não é a falta de tempo, mas o uso que nós fazemos dele. No lugar das habituais afirmações de que nos falta tempo, vejamos primeiro como identificar prioridades. Gerir e organizar o tempo sem definir as finalidades conduz a um modelo técnico e burocrático da organização do tempo educativo.

10) A educação necessita do tempo sem tempo.

Para instalar e consolidar aprendizados, nós precisamos de tempo e de espaços vazios de pressões e de conteúdos.

11) Devolver o domínio do tempo ao aprendiz.

Deixar tempo aos aprendizes para assimilar, viver, conhecer, aprender e construir seus próprios aprendizados. Ter tempo e utilizá-lo de forma livre e autônoma permite aprender melhor.

12) Repensar o tempo das relações entre adultos e crianças.

Se nós recuperamos o tempo para as crianças, a consequência lógica é que teremos de repensar o tempo compartilhado com elas, para levar em conta que o tempo educativo é difuso, disperso, com ritmos diferentes, adequado, próprio a cada um.

13) Redefinir o tempo dos educadores.

O tempo dos profissionais da educação lhes deve permitir refletir e trocar, facilitar o trabalho nos centros escolares ou de formação, romper os ritmos estressantes e dispor espaços não formais de relação e de formação.

14) A escola deve educar no tempo.

A educação no tempo é um aspecto importante do currículo, por meio dos princípios acima: pausas, respeito dos ritmos, gestão autônoma do tempo, horários flexíveis.

15) A educação "lenta" faz parte da renovação pedagógica.

:: DESACELERE • OUSE DIMINUIR O RITMO E VIVA MELHOR

"O FUTURO PREVISÍVEL É O FIM DO SISTEMA EDUCACIONAL ATUAL."

Jean-Pierre Lepri – professor de escola primária desde os anos 1960, formador, consultor especialista da Unesco, especialista em ensino e aprendizagem e iniciador do Círculo de Reflexão por uma Educação Autêntica (Crea)[9] – é cotradutor e autor do prefácio do livro *Elogio de la educación lenta,* de Joan Domenèch Francesch:

> A educação lenta é uma abordagem potente que permite jogar com a velocidade e com a duração para trabalhar sobre a qualidade. O tempo da atividade de aprendizagem – como de qualquer outra natureza – pode, assim, ser por vezes lento ou rápido, mas também breve ou longo. A dimensão temporal é inevitável e fundamental em todo o processo de aprendizagem. O sistema da educação lenta permite a todos os aprendizes (os "bons" e os "menos bons") trabalhar em seu próprio ritmo. Fundada nas particularidades tanto do aprendiz quanto da tarefa, a educação lenta tende necessariamente para uma personalização mais intensa do ensino. Em teoria, a educação lenta poderia ser um meio de melhorar os resultados da educação nacional. Mas é realmente esta a finalidade profunda dessa instituição? Tal como a conhecemos hoje, ela nunca foi outra coisa realmente senão a responsável por fazer todos os alunos "serem bem-sucedidos" na escola ou em sua vida. É mais para que cada um aceite seu lugar na pirâmide econômica e social[10] que tanto dinheiro e energia são gastos. A educação nacional, enquanto sistema dominante, não pode permitir o desenvolvimento de uma alternativa como a educação lenta. Ela será contudo tolerada, assim como outras pedagogias alternativas (Montessori, Steiner...), sob a condição de permanecer marginal, espécie de nicho no sistema educacional. Não poderia haver "dois jacarés no mesmo pântano" (provérbio africano).
>
> A educação lenta se diferencia, no entanto, pelo fato de que as atividades não são minuciosamente organizadas antes do ensinamento – enquanto cada pedagogia alternativa se caracteriza por

---

[9]   Crea – Apprendre la vie, disponível em www. education-authentique.org.

[10]   Jean-Pierre Lepri, *La Fin de l'éducation ?* (Breuillet: Éditions l'Instant Présent, 2012).

uma panóplia de técnicas preestabelecidas que precisamente as identificam. A educação lenta não tem em sua base de origem uma intenção "messiânica", "redentora", ou mesmo religiosa.

Contrariamente ao que se poderia pensar, sua implementação não exige uma equipe maior de educadores. Na verdade, ela conduz a uma maior responsabilização do aprendiz que pode decidir ele mesmo sobre o que vai aprender, em qual momento e durante quanto tempo. O que permitiria até mesmo reduzir o efetivo de educadores, o qual vai antes mudar de função. Não é mais necessário professar, ministrar o conhecimento. Ele está ali para acompanhar aquele que aprende. Não é mais o número de profissionais que será determinante aqui, mas sua compreensão e sua prática da autonomia, especialmente no que diz respeito à gestão do tempo.

A educação nacional organiza e planeja tudo nos mínimos detalhes para os alunos e para aqueles que os cercam. Privilegiando a dimensão temporal da aprendizagem, a educação lenta permite aos alunos, como àqueles que os acompanham, ser responsáveis pela gestão de seu tempo e deles mesmos.

O futuro previsível, para mim, é aparentemente o fim do sistema educacional atual, que existe apenas há menos de 150 anos. Em nome de uma lógica capitalista descomplexada, deixaremos de fazer acreditar que cuidamos de todos para vender saberes aos únicos responsáveis por tomar decisões (solvíveis). Isso é um pouco do que já se pratica atualmente, mas o será mais abertamente. A educação lenta não interessa a muita gente hoje – e ainda menos aos responsáveis por tomar decisões –, pois as mentalidades foram formatadas para permanecer no esquema educador-educastrado bem demarcado. Mas os valores da educação lenta não perecerão. E um dia, talvez...

As escolas alternativas à prova dos resultados

Menos planejamento, menos pessoas em volta das crianças, um amplo espaço deixado aos desejos de aprendizado dos alunos,

:: DESACELERE • OUSE DIMINUIR O RITMO E VIVA MELHOR

como defende a Slow Education, seria realmente a garantia de melhores resultados escolares? Todos os alunos têm necessariamente os recursos para "se encontrar" por eles mesmos? E, acima de tudo, como julgar e comparar os êxitos de alunos que estudaram em sistemas diferentes, segundo finalidades que podem variar consideravelmente?

Em seu livro *Des collèges et des lycées différents,* um estudo dos métodos de educação alternativos, Marie-Laure Viaud faz a distinção entre os principais tipos de novas escolas: as escolas adaptadas, que são ou "centradas no aluno" ou "colégios de desenvolvimento", e as escolas integrais que ela divide em "escola não diretiva" e "escola institucionalizada".

As escolas centradas no aluno, essencialmente escolas de ensino médio, consideram seus jovens como pessoas responsáveis e se apoiam em seu desejo de passar em um exame. Os professores fazem um trabalho de consolidação desse desejo por meio de escolhas pedagógicas que têm por objetivo reforçar a motivação dos alunos. O adolescente não recebe sua avaliação, mas deve pedi-la a seus professores. Assim, é frequente que alunos e professores preencham juntos a ficha de avaliação, o que abre a porta para um diálogo personalizado. Os alunos podem também assinar contratos com o estabelecimento estipulando que eles estarão ausentes em uma parte dos cursos. "Tudo isso conduz o aluno a não mais aturar sua escolaridade, mas se tornar ator dela",[11] observa a historiadora. Os estabelecimentos desse tipo não modificam fundamentalmente o modo de transmissão do saber. O educador tem um *status* próximo daquele de um especialista. Apesar de receber um bom número de alunos em situação de repetência, os resultados de conclusão do ensino médio são igualmente bons ou até melhores caso se leve em consideração as dificuldades originais de sua clientela. Além disso, os alunos manifestam massivamente sua adesão a esse modelo.

Os colégios de desenvolvimento dão ênfase à reorganização do tempo e do espaço considerando as necessidades dos alunos.

---

[11] Marie-Laure Viaud, *Des collèges et des lycées différents,* Coleção Partage du savoir (Paris: PUF, 2005).

SLOW EDUCATION ::

Isso pode passar por um tempo de recepção, pela manhã, dedicado à conversa e ao que será posto em prática. A organização é pensada às vezes em ritmos de dois anos, o que permite ainda mais flexibilidade aos programas. As pausas são frequentemente mais longas. Grupos de aprendizados variados são implementados para levar mais em conta os ritmos e as necessidades de cada aluno. "Mas a constituição de grupos de níveis de desempenho declarados também faz com que eles se sintam etiquetados como 'bons' ou 'ruins'",[12] observa Marie-Laure Viaud. É por isso que algumas escolas de ensino fundamental II criaram grupos mais de acordo com os interesses dos alunos. Existe um bom número de ateliês de criação, esporte, astronomia, vídeo, *hip-hop*, etc., dentro de uma óptica de desenvolvimento dos alunos. A relação professor-aluno permanece, contudo, marcada por uma forma de verticalidade, mesmo se a ternura é defendida em toda situação, independentemente de uma algazarra muitas vezes considerável nessas aulas. O balanço que a pesquisadora faz dessas experiências está mais para negativo. "A escolha de seguir os programas leva os professores dessas escolas a introduzir observações escritas, sanções, restrições, a impor uma normatividade... em contradição com sua vontade de desenvolvimento da criança."[13]

As escolas integrais têm por objetivo transformar o "desejo de escola" dos jovens que elas acompanham em "desejo de aprender". Essas escolas diferentes buscam formar jovens autônomos, críticos e criativos, capazes de compreender o mundo em toda a sua complexidade. São chamadas de escolas integrais porque seguem um projeto de educação global, visando formar cidadãos ativos na sociedade. Utilizam práticas pedagógicas radicalmente diferentes, por exemplo, temas de estudos interdisciplinares escolhidos conforme os interesses dos alunos. Os adolescentes organizam-se em grupos durante alguns meses para estudar o tema escolhido. O conceito de aula é, assim, jogado no lixo, exceto por algumas horas da semana quando se faz um acompanhamento. Muitas escolas trabalham a partir da atualidade, partem da vida real, a fim de alcançar melhor os alunos. A prática de expressão

---

[12] *Ibidem.*
[13] *Ibidem.*

:: DESACELERE • OUSE DIMINUIR O RITMO E VIVA MELHOR

livre é amplamente valorizada. Tenta-se fazer os alunos terem êxito, mesmo que esse êxito não seja escolar em um primeiro momento, apoiando-se no terreno em que cada um é mais habilidoso. As escolas integrais possuem também instituições democráticas, nas quais os alunos tomam decisões importantes. Segundo Marie-Laure Viaud, os resultados desses colégios e liceus não são brilhantes. Poucos alunos concluem o ensino médio. "Por outro lado, podemos afirmar que os alunos adquirem o gosto por aprender. Constatamos nas observações e nas entrevistas que os alunos trabalham realmente, seriamente, aplicando-se naquilo que fazem e se concentrando."[14] Eles também dizem que conseguiram "se encontrar".

Primeiro subgrupo de escolas integrais, as escolas não diretivas não impõem nenhuma restrição aos alunos e funcionam fundamentadas em uma relação igualitária entre jovens e adultos. Os alunos podem escolher livremente suas atividades. Um grande número entre eles acaba seguindo carreira artística. Por outro lado, a taxa de conclusão do ensino médio não ultrapassa 20%. Relações bastante fortes se estabelecem frequentemente entre os alunos, até mesmo com os professores. A lógica radical parece funcionar muito bem para uma parte dos alunos e se mostra desastrosa para outra, principalmente para aqueles que têm uma psique mais frágil em virtude da ausência de uma estrutura bem definida.

As escolas institucionalizadas funcionam como uma verdadeira sociedade extremamente bem estruturada, com conselhos, multas pagáveis em moeda interna fictícia em caso de atraso e outras infrações às inúmeras regras. As avaliações são rigorosas, bastante detalhadas e neutras. Um canto é reservado aos mais "irritados", ou seja, aos alunos que não podem, por um tempo, participar das atividades em grupo. Eles têm a possibilidade de falar com um professor sobre as causas dessas crises passageiras. Múltiplas mediações são colocadas em prática a fim de evitar qualquer transferência entre o aluno e o professor. Estimando que as dificuldades escolares estão ligadas ao psicológico e dando a possibilidade aos alunos de se situar com relação ao grupo e melhor compreender quem eles

---

[14] *Ibidem.*

SLOW EDUCATION ::

são, as escolas institucionalizadas chegam a bons resultados, recebendo alunos, na maioria das vezes, recusados em outros lugares e oriundos de meios modestos.

De maneira geral, a análise de Marie-Laure Viaud passa uma boa imagem das escolas alternativas. Os alunos têm o prazer de frequentá-las e os resultados não são ruins, se levarmos em conta o fato de que elas recebem frequentemente alunos em dificuldade. Além disso, elas produzem efeitos que vão além de unicamente concluir o ensino médio, pois são muitas vezes escolas de vida, que permitem aos alunos se tornar cidadãos bem desenvolvidos e com olhar crítico. O êxito não passa somente pelo domínio de normas escolares restritas. Por outro lado, a rede de profissionais adultos é nitidamente mais fechada que em estabelecimentos tradicionais e as escolas têm dimensões humanas, cada um se conhece pelo primeiro nome nessas instituições.

Situada entre o modelo do colégio de desenvolvimento e o da escola não diretiva de ensino fundamental, a Slow Education aparece como uma alternativa perfeitamente digna de interesse. Entretanto, ela parece difícil de ser colocada em prática em grande escala, pois seu êxito exige uma leveza própria a pequenos estabelecimentos. Por outro lado, da mesma maneira que existem vários tipos de inteligência, vários métodos pedagógicos equivalem-se, e certamente até mesmo a escola pública. No final, tudo depende da criança, a qual é preciso saber escutar para compreender se ela se sente à vontade ou não em seu universo escolar. Lembremos que Freud descreveu a criança como um perverso polimorfo, atravessado por pulsões. A moral e a disciplina, sobretudo aquela ligada à gestão do tempo e da grade de horários, não são coisas adquiridas pela criança. Apesar da importância da lembrança da Slow Education de que não se deve castrar a criança, colocando-lhe muitos limites, é necessário também lhe incutir alguns sem cair na ingenuidade que conduz ao deixar fazer. Uma bela e difícil missão para os pedagogos, que necessita efetivamente de tempo e não se satisfaz com soluções prontas.

A instrução do ponto de vista da filosofia

> A instrução pública não visa primeiro preparar para uma profissão, mas preparar cada um a não renunciar a si mesmo em sua futura profissão.[15]

Esta bela frase de Condorcet já afirmava, no século XVIII, que a finalidade da educação consiste em desenvolver um indivíduo preparando-o para enfrentar o futuro. Assim, a escola tem a dupla missão de instruir e educar. A educação nacional parece falhar em parte nesse objetivo, perdendo de vista o que Sócrates lembrava a seus discípulos, ou seja, que em matéria de educação, o caminho conta mais que a chegada, uma vez que é o percurso que enriquece. A Slow Education milita por uma escola que corresponda melhor a essa visão humanista. Na escala de um aprendiz e de educadores, o caminho adotado e o ritmo de progressão da aprendizagem valem bem mais que o destino! Uma vez que a educação é uma questão de tempo e o tempo não respeita o que se faz sem ele, evidentemente a educação não pode existir fora do tempo. Um tempo que oferece a quem sabe dá-lo e tomá-lo todo o sentido dos ritmos de aprendizagem próprios a cada um. O pensamento bachelardiano, que adianta o fato de que todo aprendizado sólido se nutre de lentidão, entra em ressonância com esse propósito.

Parece mais saudável que os movimentos se debrucem sobre a natureza, os objetivos e as vias que a educação deve tomar. De fato, é necessário refletir sobre o que querem dizer os termos aprender e ensinar, mais do que colocá-los e aplicá-los como evidências.

---

[15] Nicolas de Condorcet, 1792, *apud* Catherine Kintzle, *L'instruction publique et la naissance du citoyen* (Paris: Minerve Folio Essais, 1984).

≣ Slow Management
AS CONSEQUÊNCIAS DRAMÁTICAS DO ESTRESSE

Segundo os números da única pesquisa quantitativa que foi realizada na França, em 2003, pelo sistema de inspeção médica do trabalho da Baixa Normandia, entre 300 e 400 trabalhadores cometem suicídio em seu ambiente de trabalho a cada ano. Os números são significativos, mas eram pouco midiatizados até a onda de suicídios que atingiu a France Télécom. Entre 2008 e 2011, sessenta pessoas do grupo deram fim à vida, grande parte em seu lugar de trabalho. Essa sequência macabra lançou luz sobre os métodos de gestão da operadora que, em sua corrida desenfreada pela competitividade, tinha efetuado uma série de reestruturações e instaurou um sistema de mobilidade forçada. Nesse aparente reino de arbitrariedade, funcionários empregados há anos em um serviço podiam ser transferidos repetidamente para outra região e para um cargo que não tinha mais nada a ver com suas qualificações. Os "suicidados" da France Télécom eram frequentemente empregados da mesma idade, próximos dos 50 anos ou pouco mais do que isso, com um longo passado profissional dentro da empresa. Esses antigos empregados dos Correios, Telégrafos e Telecomunicações franceses não tinham sido preparados o bastante para a mudança de profissão que as evoluções tecnológicas no mundo das telecomunicações tinham implicado e menos ainda à nova cultura da empresa que apareceu no momento da transformação do ambiente econômico. A France Télécom levou algum tempo para qualificar essas mortes como acidentes de trabalho e reconhecer sua responsabilidade.

:: DESACELERE • OUSE DIMINUIR O RITMO E VIVA MELHOR

Essa série trágica é apenas a ponta do *iceberg* dos problemas ligados ao estresse em empresas. Na França, em 2000, estimava-se que de 220 mil a 320 mil pessoas eram afetadas por alguma doença em decorrência do estresse no trabalho, seja um distúrbio cardiovascular, seja depressão ou outra. Esse fenômeno tem também um custo impressionante de 3% a 4% do PIB, segundo estudos da Organização Internacional do Trabalho, por causa do absentismo e da rotatividade de pessoal que ele implica.

A onda de suicídios da France Télécom teve como consequência o estímulo às pesquisas sobre a questão do bem-estar no trabalho. Eclodiram na imprensa classificações de empresas que são locais agradáveis para se trabalhar. François Fillon, então primeiro ministro, solicitara em 2010 o relatório "Bem-estar e eficácia no trabalho"[1] a responsáveis de grandes empresas francesas. Uma série de psicólogos, chefes de recursos humanos e *coaches* foram interrogados sobre o assunto e publicaram suas receitas para melhorar a qualidade de vida nos locais de trabalho. O Slow Management segue no caminho dessas reflexões.

Liderança e proximidade

O conceito de Slow Management é um dos mais recentes. Os professores da Escola de Administração de Grenoble, Loïck Roche, John Sadowsky e Dominique Steiler, o difundiram em seu livro *Le Slow Management: éloge du bien-être au travail,*[2] publicado em 2010. Nesta obra, os autores defendem uma administração de proximidade, na qual os dirigentes de empresas e seus executivos dedicam tempo aos recursos humanos, repetem constantemente os valores da empresa e transmitem uma mensagem de verdade a seus funcionários, com o objetivo de dar outra vez sentido à atividade de cada um.

---

[1] Apresentado por Henri Lachmann, presidente do Conselho de Vigilância da Schneider Electric, Christian Larose, vice-presidente do Conselho Econômico, Social e Ambiental, e Muriel Penicaud, diretora-geral de recursos humanos da Danone.

[2] Loïck Roche, John Sadowsky e Dominique Steiler, *Le Slow Management: éloge du bien-être au travail* (Grenoble: Presses universitaires de Grenoble, 2010).

O ensaio discorre sobre uma análise da nocividade do trabalho, termo que porta em si uma conotação negativa. Sua etimologia latina, lembram os autores, remete ao verbo *tripaliare*, ou seja, torturar os escravos rebeldes com o auxílio de um instrumento de três (*tri*) paus (*palius*). Embora tenha nitidamente se amenizado, a palavra, mesmo assim, conserva uma noção de algo penoso. Ela é empregada, por exemplo, para evocar as dores do parto.

A palavra *management* se lê, por sua vez, como uma herdeira do termo *manegiarre*, que significa controlar, e de *manège* (picadeiro), lugar onde se adestram cavalos. O *manager* seria, assim, aquele que supervisiona e, ocasionalmente, pune empregados, o que não está muito distante do estado de escravidão. Os autores deduzem daí que a noção de bem-estar está longe de parecer um valor intrínseco ao trabalho. Pior, estimam eles, o assalariado seria um Sísifo contemporâneo que empurra sem parar sua pedra. Vazia de sentido, sua atividade lhe parece inútil e vã. Além disso, há uma forte pressão que pesa sobre seus ombros. Exigem que ele tenha uma boa *performance* e que seja produtivo para assegurar a rentabilidade da empresa. Não apenas pratica uma atividade na qual ele não reconhece nenhuma finalidade, mas ainda deve realizá-la com eficácia. Combinados, esses dois aspectos contraditórios criam situações de estresse, por vezes sentidas como insuportáveis. Por isso o desenvolvimento de uma forma de desespero no trabalho que pode levar, nos casos mais extremos, ao suicídio.

Em nome de toda a sua vontade de crescimento, a empresa prefere muitas vezes ignorar a aflição de seus funcionários. Foram precisos cerca de trinta suicídios na France Télécom até a direção começar a discutir com os sindicatos. Essa difícil aceitação se explica pela vontade de não prejudicar a imagem da sociedade por demasiada publicidade negativa. Ela decorre também de uma visão do estresse como uma patologia pessoal, ligada a uma falta de competência a ser gerida fora da empresa. Além disso, o estresse frequentemente é percebido como um agente positivo, que favorece a produtividade dos colaboradores. De modo geral, sua gestão não é suficientemente levada em consideração nas empresas ou, então, é tratada superficialmente pelo viés de formações curtas depois das quais não se tem mais necessidade de intervir.

É para sair dessa engrenagem nociva e da dicotomia entre o discurso institucional e a realidade percebida pelos empregados que Loïck Roche, John Sadowsky e Dominique Steiler desenvolveram seu conceito de Slow Management. Este reúne diversos métodos tomados emprestados, em sua maioria, das teorias de liderança e das relações humanas cujo objetivo geral é "trazer de volta o humano para a empresa".

Para alcançar esse objetivo, o dirigente deve integrar uma dose de "pedagogia" à sua função. Trata-se de preparar as equipes para a competitividade requerida pelo ambiente econômico. O Slow Management retoma a técnica do MBWA ou *management by walking around*" empregada nos anos 1970 pela Hewlett-Packard.[3] Essa abordagem consiste em passear pelos corredores da empresa, apertar as mãos, parar alguns minutos na máquina de café, tomar o caminho mais longo para chegar ao seu posto de trabalho e deixar o mais frequente possível a porta do escritório aberta. Por dispor de tempo e dar voltas, o administrador se permite entrar em contato com suas equipes, observar e se tornar visível. Ele transmite, dessa maneira, a imagem de patrão que se interessa por seus empregados e por suas dificuldades, e não unicamente pelo balanço numérico da sociedade. É uma das maneiras de se posicionar enquanto líder. "Quando nós dizemos que as pessoas, no interior de uma organização, têm necessidade de líderes, isso significa que elas precisam de uma referência, de um ponto fixo, de um lugar seguro onde elas poderão depositar seus medos e colher respostas que irão tranquilizá--las", indicam os autores.

Durante seus passeios, o administrador líder ideal esboçado pelos autores aproveita para inculcar os valores da empresa. Em caso de crise, trata-se de adotar estratégias de *storytelling*, contando, por exemplo, como a corporação soube superar dificuldades precedentes.

---

[3]   A lenda diz que Aristóteles e seus discípulos da escola peripatética ensinavam passeando. Jesus também pregava caminhando.

"Para ter êxito, o líder deve lembrar o passado, colocar o período de turbulência em perspectiva e desenhar um futuro desejável."

Essa atitude positiva, fonte de esperança para os funcionários, não deve, contudo, esconder as dificuldades presentes. O Slow Management implica conciliar discurso e sentimentos. Quando a empresa vai mal, seu chefe deve comunicar isso a seus empregados. Não abruptamente, sob a forma de um plano social, mas com pedagogia, repetindo várias vezes as mesmas coisas, a fim de prepará-los para eventuais sacrifícios. Em tal caso, a exemplaridade é uma qualidade importante do administrador, que deve mostrar que ele também se submete a uma redução de salário ou que ele se envolve na companhia comprando ações do grupo, por exemplo.

O MBWA também tem como efeito positivo envolver ainda mais os funcionários na caminhada da empresa. Parando junto dos empregados e questionando-os, o patrão não demonstra unicamente interesse a respeito deles, mas coleta uma série de informações e boas ideias que podem melhorar a produtividade da equipe.

Como Kalle Lasn, o fundador da revista *Adbusters*, os defensores do Slow Management afirmam que "a droga mais poderosa do mundo é o sentimento de pertencimento".[4] O líder deve desenvolver a adesão de seus funcionários aos valores da empresa, mesmo correndo o risco de desenvolver uma faceta "fanática". Acreditando piamente em seu produto e comunicando essa crença com grande convicção, ele pode arrogar-se a adesão de suas equipes e assim dar sentido à atividade de cada um. Alguns rituais podem também servir de coesão do grupo, como a famosa entrega de pizzas de abacaxi na Apple.

Enfim, os autores observam que o fundamento da liderança repousa sobre uma base de relação pessoal. O bom administrador faz a diferença entre as equipes e os indivíduos. Ele tem tempo para motivar seus funcionários de maneira a criar um espírito de equipe.

---

[4] Kalle Lasn, "The most powerful narcotic is the promise of belonging", em *Culture Jam* (Nova York: Quill, 2000). Este autor o utiliza em um tom totalmente diferente, uma vez que seu livro pretende ser uma crítica ao conformismo consumista da civilização ocidental.

"É esse o objeto do Slow Management, dedicar um tempo a cada um, para também dirigir o todo."

Um sucesso local

Desde o lançamento do livro, os autores receberam inúmeros telefonemas de patrões interessados nos assuntos que eles abordam. Um deles propôs financiar uma disciplina de pesquisa na Escola de Administração de Grenoble, onde lecionam Loïck Roche e Dominique Steiler. Sob o título *Mindfulness, Bem-estar no Trabalho e Paz Econômica*, o programa tem por objetivo desenvolver os conhecimentos sobre bem-estar no trabalho e métodos de ensino destinados aos administradores, a fim de lhes fornecer ferramentas para resolver conflitos profissionais. A matéria reúne uma dezena de pesquisadores multidisciplinares, como especialistas em administração, psicólogos, sociólogos, médicos ou juristas, e trabalha em parceria com a Universidade de Grenoble, na França, a Business School de Viena, na Áustria, e a Universidade de Psicologia de Bangor, no Reino Unido.

Com o incentivo de seus professores, a Escola de Administração de Grenoble tornou-se uma empresa-modelo. O corpo docente e o pessoal administrativo fizeram cursos de reciclagem para que os estudantes tenham a experiência de uma gestão de pessoal mais humana, tanto em seus cursos quanto em suas relações com o quadro de funcionários e a direção. A escola, aliás, faz parte de um projeto lançado pelo Ministério do Trabalho, que tinha feito uma auditoria do ensino sobre os riscos psicossociais nas grandes escolas de administração e de engenharia, em 2010. Particularmente à frente graças ao seu programa de curso sobre a saúde no trabalho, a Escola de Administração de Grenoble foi selecionada como escola-piloto. Até 2014, ela foi submetida a uma auditoria a cada ano. O ministério tentará difundir em outras grandes escolas francesas as boas práticas que ele terá levantado nesse percurso.

Para além de Grenoble e da ação direta de seus criadores, é difícil julgar a fortuna do conceito, especialmente dentro das empresas.

Dois fatores principais explicam essa dificuldade. Por um lado, Loïck Roche, John Sadowsky e Dominique Steiler não buscaram promover o Slow Management sob esta denominação. Eles se dizem um pouco desconfortáveis com essa expressão que lhes impôs seu editor, pois recorta uma realidade bastante distinta do resto dos movimentos Slow. Por outro lado, eles realizaram majoritariamente um trabalho de compilação e de divulgação de uma série de teorias e de proposições já formuladas por outros autores. Reconhece-se em sua apresentação alguns aspectos da corrente das "relações humanas". Chris Argyris e Douglas McGregor defendiam, desde os anos 1950, uma administração que devolva a dimensão humana ao centro das preocupações das empresas.[5]

Outro elemento central do conceito de Slow Management é a noção de liderança transformacional, ou seja, a capacidade de um administrador de recriar o engajamento de seus funcionários por seu carisma, sua exemplaridade e sua força de persuasão e de estímulo. Introduzido por James MacGregor Burns para descrever o poder próprio ao líder político, a noção foi estendida por Bernard Bass ao campo da empresa e das organizações.[6]

Quanto ao MBWA, é notório que ele foi tirado das experiências desenvolvidas em seu tempo na Hewlett-Packard. Assim, por trás de um título engenhoso, que parece levar de bandeja uma solução nova aos problemas do estresse no trabalho, o Slow Management retoma teorias de administração amplamente difundidas e aplicadas em algumas empresas sem que o conceito seja necessariamente conhecido.

Dominique Steiler nos citou o caso de uma companhia que, antes mesmo do lançamento do livro, tinha posto em prática diferentes medidas em prol do bem-estar dos funcionários, como campanhas de prevenção contra a obesidade e o tabagismo. Um dia, o chefe dessa empresa investiu suas forças para responder uma oferta de trabalho internacional instruindo suas equipes a se divertirem criando um belo produto. Selecionada entre os três últimos

---

5   Chris Argyris, *Personality and the Organization* (Madison: Harper, 1957), e Douglas McGregor, *The Human Side of Enterprise* (Nova York: Mc Graw-Hill, 1960).

6   Bernard Bass, *Transformational Leadership: Industrial, Military and Educational Impact* (Mahwah: Lawrence Erlbaum Associates, 2006).

:: DESACELERE • OUSE DIMINUIR O RITMO E VIVA MELHOR

concorrentes inscritos, a empresa finalmente fechou o contrato, para grande surpresa do chefe, pois o projeto custava mais caro que os dos concorrentes. O cliente então argumentou que, no momento da apresentação do produto, a equipe tinha ares contentes e descansados, o que o convenceu. Uma bela anedota que mostraria que o Slow Management não esperou sua certificação para se difundir. Certo é que a reflexão geral sobre o bem-estar em empresas e a gestão do estresse são campos em pleno desenvolvimento. A produção livresca, bem como o interesse crescente dos governos por essa questão, são uma prova manifesta disso.

O valor do trabalho em seu pedestal

Em seu *Droit à la paresse* (1880), Paul Lafargue empenhava-se em desmistificar o "valor trabalho". Ele concebia essa atividade humana como uma causa de "degenerescência intelectual" e se espantava com a "estranha loucura" que é esse amor da classe operária pelo trabalho. Nesse sentido, ele se colocava na mesma perspectiva que algumas sociedades da antiguidade, como a Grécia Antiga, na qual o trabalho ou a pena (*ponos*) diferenciava-se da obra (*ergon*). O trabalho era uma atividade julgada humilde, que exigia um esforço e um contato com elementos materiais que se reservavam principalmente aos escravos. O ideal individual consistia em se libertar da necessidade para se consagrar às atividades morais ou políticas, visando nada além que seus próprios fins. Aliás, podiam ser cidadãos apenas aqueles que não viviam unicamente de seu trabalho. Somente eles eram verdadeiramente livres, pois estavam fora de toda relação de dependência financeira. A democracia ateniense era uma forma de oligarquia censitária da qual eram excluídas as mulheres, os escravos e os metecos (estrangeiros).

Hannah Arendt retoma essa filosofia em *La condition de l´homme moderne*. Para essa grande filósofa, o trabalho é uma atividade transitória que tem por vocação ser consumada a fim de assegurar a conservação da vida. O trabalho se opõe à obra que sobrevive ao homem e serve às gerações seguintes. "Compreender e aceitar essa futilidade do trabalho permite preservar o domínio público e assim dar lugar à obra, única atividade que cria um mundo de objetos no qual será possível agir em busca de imortalidade."[7] Hoje, nossas sociedades parecem ter superinvestido no trabalho em detrimento da obra. É disso que vem o sentimento de alienação do homem, reduzido a um *homo laborans*, sem mais a menor esperança de imortalidade.[8]

Associado a seu epíteto lento, poderíamos esperar que o Slow Management se inscreva no campo de reflexão que critica a ideologia do trabalho. Mas estamos muito longe das polêmicas antitrabalho do documentarista Pierre Carles.[*] É bem verdade que o movimento comporta alguns elementos que o aproximam da filosofia Slow. Ele valoriza noções como o prazer no trabalho e as relações humanas, mas não propõe questionar o sistema capitalista liberal. Pelo contrário, trata-se de uma teoria da gestão dos recursos humanos que visa, em última análise, beneficiar a eficácia dos trabalhadores e, portanto, a produtividade da empresa. O relatório encomendado por François Fillon sobre o bem-estar no trabalho expressa isso claramente: "Investir na saúde no trabalho é primeiro uma obrigação sobre o plano humano: e mais, não é um fardo, é um trunfo para o desempenho".

O Slow Management inscreve-se, desse modo, em uma óptica reformista, sensível às necessidades e às preocupações dos trabalhadores, mas nunca em uma atitude revolucionária. Ele tem por finalidade erradicar o estresse, percebido, a partir de então, como um fator nefasto em razão das inúmeras licenças de trabalho e dos custos de saúde que gera, enquanto há alguns anos ele ainda era considerado um valor positivo.

Esse conceito convida, na verdade, a organizar a administração por objetivo, que se impôs significativamente desde os anos 1950

---

[7] Hannah Arendt, *La condition de l'homme moderne* (Paris: Pocket, 2009).

[8] Sobre este assunto, ler também *Éros et civilisation*, de Herbert Marcuse, que explica que as sociedades modernas focadas na noção de rendimento dão ao trabalho um objetivo estranho ao prazer de criar e dele aproveitar, como trabalhar para a coletividade, para a nação, para a glória ou para o futuro, o que aliena e desumaniza o trabalhador.

[*] Principalmente: *Attention danger travail* (2003) e *Volem rien foutre al païs* (2007). Este último título, cuja tradução seria "não queremos fazer nada em nosso país", mistura palavras occitanas e francesas em uma frase que retoma o slogan occitano *Volem viure al païs*, "nós queremos viver em nosso país". (N. T.)

com o famoso livro de Peter Drucker.[9] Essa técnica de administração consiste em definir para cada unidade de uma empresa metas a alcançar em um período temporal. Ela visa reforçar a motivação dos funcionários. A administração por objetivo levou os diretores de empresas a desviar do humano para se ater aos valores estatísticos. Mal empregado, ela produz um sentimento de impotência dos funcionários quando, por exemplo, a tarefa se mostra muito difícil de se atingir ou quando ela não está mais em conformidade com o contexto econômico.

No curso da história da civilização industrial, buscou-se controlar os funcionários pela violência, antes de perceber que ela tinha seus limites, especialmente em termos de adesão. No final do século XIX, o paternalismo tomou a frente. O empregador passou a oferecer vantagens sociais a seus empregados. No caso da Michelin, por exemplo, estes beneficiavam-se de maternidades, escolas, plano de saúde completo, centros de reabilitação ou ainda colônias de férias. O empregador, semelhante a um pai ou a um senhor feudal, assumia o conjunto da vida de seus empregados, inclusive os lazeres e as obras sociais. Os empregados chegavam geralmente sem grande qualificação à empresa, onde eram formados de maneira específica. Não lhes restava, a partir de então, muita escapatória para deixar uma estrutura à qual eles deviam tudo e dentro da qual eles passariam, salvo acidente, toda a sua carreira profissional. Essas empresas que funcionavam como uma sociedade determinista e isolada, onde cada um tinha seu lugar, permitiam ao patrão exercer uma vigilância constante sobre seus empregados e criavam uma relação ambígua de amor e ódio, quase sadomasoquista em termos afetivos.

No pós-guerra, o modelo paternalista claramente declinou. Por um lado, porque os patrões proprietários tomaram distância de suas fábricas. Colocaram à sua frente administradores profissionais formados para dirigir equipes. Estes implementaram métodos oriundos do fordismo e do taylorismo, consistindo em motivar os empregados pelo salário. Por outro lado, porque a escalada

---

[9]   Peter Drucker, "Management by Objectives and Self Control", em *The Practice of Management* (Londres: Heinemann, 1984).

do individualismo caducou esse modelo em que o empregado é inteiramente subserviente à empresa para a qual trabalha. Para continuar a assegurar a adesão dos trabalhadores, foram fixados objetivos a se alcançar e desenvolveu-se a concorrência entre funcionários e entre serviços. Essa maneira de dirigir as empresas fundava-se em uma visão do trabalho como meio de se desenvolver, que se impôs amplamente por meio dos valores calvinistas, metodistas, presbiterianos e outras correntes evangélicas. Ser bom em seu trabalho é ser alguém de bem. A ideologia do trabalho é apenas reforçada. Intui-se imediatamente as derivas possíveis desse sistema, que deixa de lado as pessoas inadaptadas ou mais fracas. Ele cria um terreno propício aos estados de superaquecimento, como o *burnout*, tão típico desses últimos anos.

Em paralelo, a mecanização tornou nossas atividades cada vez menos penosas fisicamente. As novas tecnologias permitiram multiplicar a produtividade individual. Esses avanços técnicos implicaram igualmente uma abstração sempre maior das tarefas a se realizar. A alienação do trabalhador que não é mestre daquilo que produz, do qual falava Marx, se reforçou ainda mais pelo desaparecimento de um produto concreto do trabalho.

Loïck Roche, Dominique Steiler e John Sadowsky compartilham essa constatação e propõem reatar com uma prática mais tradicional da administração, não mais sob forma de gráfico abstrato, mas de relação pessoas com pessoas.

Eles insistem na noção de guia, até mesmo de guru, quando evocam o caráter "fanático" que deve desenvolver o administrador Slow. Este é um ponto sobre o qual o Slow Management pode suscitar algumas preocupações. Forçando uma metáfora, essa injunção se lê como uma exortação a transformar a empresa em uma espécie de seita. Uma seita fundamentada em uma série de narrativas repetitivas e rituais. Essa liturgia tem por objetivo criar um sentimento de pertencimento e de adesão aos valores da companhia. Os encontros na máquina de café e os passeios pelos corredores da empresa a partir de então mais se assemelham a ocasiões para o administrador pregar a boa palavra e trazer de volta a ovelha desgarrada do rebanho. Fazer do administrador um evangelista e da empresa uma

:: DESACELERE • OUSE DIMINUIR O RITMO E VIVA MELHOR

congregação de crentes fanáticos, qual é a melhor forma, de fato, de lutar contra o sentimento de alienação do trabalho?

Escondida por trás da intenção louvável de procurar favorecer o bem-estar dos empregados, descobre-se então um novo método para assegurar sua obediência. Por essa forma de catequização não são mais os corpos nem os espíritos que se mobilizam, como no passado, mas as almas. O que acontecerá quando um funcionário for licenciado por razão econômica? Perderá ele sua alma e seu trabalho? Insistindo nessa dimensão evangelizadora do administrador, o Slow Management alcança na verdade o estágio último da "fetichização" do trabalho: trata-se da alienação dos espíritos e das almas além dos corpos.

Associados um ao outro, os termos antagonistas Slow e Management formam, portanto, um coquetel detonador que pode ter um efeito sedativo de doutrinação em um primeiro momento, mas que corre o risco de criar dependências perigosas a longo prazo. Nesse caso, será preferível a visão mais libertadora de Vincent de Gaulejac e de Antoine Mercier.[10] A partir dos mesmos dados de mal-estar e de suicídio no trabalho, esse sociólogo e esse jornalista chegam à conclusão de que o problema se deve à influência da "ideologia administrativa" que funciona como o "partido comunista", transformando-se em dogma e infiltrando-se em tudo. Mais que uma reforma da administração, os dois autores propõem, pela ação coletiva, derrubar essa cultura que rompe as solidariedades. Em última análise, é de um "reequilíbrio das relações entre o trabalho e o capital" que nós precisamos, asseguram eles. Nada a ver com o Slow Management, mas pode ser uma prefiguração da Empresa Slow, o que no século XIX se chamava cooperativa.

---

[10] Vincent Gaulejac e Antoine Mercier, *Manifeste pour sortir du mal-être au travail* (Paris: Desclée de Brouwer, 2012).

Slow Sex

A DELICIOSA DESACELERAÇÃO ERÓTICA

Bra, a cidade natal de Carlo Petrini, decididamente é um viveiro inesgotável de novos conceitos, sendo originário dela também o próprio papa do Slow Sex, Alberto Vitale. Esse consultor em marketing aconselha abordar a sexualidade sem pressa, mas com discernimento. Segundo ele, precisamos parar de tentar rivalizar com Rocco Siffredi e seus colegas. A sexualidade não se resume a uma questão de desempenho: não se alcança o gozo como se agarra uma medalha olímpica. Alberto Vitale preocupa-se ao ver seus contemporâneos transar rápido e mal. Pior, o sexo estaria hoje puramente autocentrado. Seria um lugar de expressão de um egocentrismo incompatível com o próprio princípio do amor que se pratica pelo menos entre dois seres. Próximo ao onanismo, o ato sexual teria se reduzido a uma série de gestos mecânicos cuja única finalidade seria o gozo pessoal, imediato e egocêntrico. Nesse modelo, o parceiro torna-se quase intercambiável, seu único interesse reside no tamanho, na forma, no aspecto e na eficácia de seus atributos sexuais. Mulheres e homens resumem-se a artigos de supermercado, e o ato sexual, ao puro consumo de produtos, gratuito ou venal, deixando seus protagonistas eternamente insatisfeitos. O filme *Shame* (2011), de Steve McQueen, ilustra muito bem essa mistura de miséria afetiva e de bulimia sexual. O realizador inglês traça o retrato desolador de um solteiro obcecado por sexo, mas incapaz de nutrir a mínima relação com seu círculo de convivência, nem com as inúmeras mulheres que ele encontra, em uma Nova York filmada como um universo frio e asséptico. Uma crítica ao sexo liberal, mas minutado e calculado na era neoliberal.

Para Alberto Vitale, entrevistado por Carl Honoré em seu *Éloge de la lenteur*, essa ficção corresponde à nossa realidade:

> Se você escuta as conversas masculinas, a questão é apenas o número de mulheres, o número de vezes, o número de posições. Sempre números [...] E você ainda vai para cama com uma lista de etapas a vencer. Você é muito impaciente, muito centrado em você mesmo para realmente apreciar o sexo.

A "desaceleração erótica" que visa aproveitar o tempo e oferecê-lo seria, segundo Vitale, a melhor forma de se alcançar verdadeiramente o real prazer dos sentidos.

O sexo na era do capitalismo neoliberal

A história é marcada por momentos de grande liberdade e de retorno a uma ordem moral cada vez mais estrita em matéria de sexualidade. Bem conhecido por dormir em um tonel, Diógenes de Sinope, da escola dos cínicos, defendia uma sexualidade próxima da natureza e bania toda interdição. Segundo ele, a sexualidade humana não devia se diferenciar em nada da dos animais. De tal modo, os cínicos admitiam atos que podiam chocar, como o incesto, a zoofilia, a prostituição ou, ainda, a masturbação e o coito em público. Apesar de tudo, uma barreira ética primordial vinha colocar certos limites a essa invocação aos exageros: a liberdade pessoal, que é erigida como valor supremo por sua corrente filosófica. Afirmá-la é ter o poder de recusar, de dizer não às práticas e às pessoas que nos repugnam. O consentimento subentende uma maioridade e uma limitação da zoofilia, pois não se obtém a aprovação de um animal. O estupro e o abuso de maiores ou de menores, escravos ou não, eram estritamente proibidos pelos cínicos.

No século XVIII, a época libertina constitui um outro grande momento do despertar dos sentidos, mas somente para a aristocracia, que se entrega a toda sorte de jogo erótico. Os escritos de

Marquês de Sade, de Beaumarchais ou de Laclos nos narram com requintes de detalhes o refinamento desse momento de liberdade sexual. A despeito dessa flexibilização moral, o povo permanecia inteiramente submisso ao discurso rigorista da Igreja.

Ao proclamar "gozemos sem entraves", a geração de Maio de 1968 libera outra vez os costumes enrustidos dos ocidentais. O cerco da religião que condena o sexo antes do casamento, o adultério e a homossexualidade se solta. Entra-se na época do parêntese encantado. A pílula contraceptiva libera a sexualidade das mulheres, enquanto a aids ainda não lançou seu manto de terror sobre o amor físico. As pessoas entregam-se alegremente à descoberta do corpo do outro e a diversas experiências: sexo com vários, *swing*, bissexualidade, sadomasoquismo, fetichismo e outras práticas extremas.

A aparição da aids vai acalmar essa exuberância sexual. O preservativo, em particular o medo do contágio e a desconfiança para com parceiros desconhecidos encerram o período de gozo sem limites. Nesses últimos anos, a evolução sexual é marcada pela influência das novas tecnologias. O pornô, que não era necessariamente de fácil acesso nas décadas precedentes, está doravante ao alcance de um clique na internet e passa de um celular a outro. Em comparação às cartilhas sexuais que eram usadas por nossos avós, o pornô industrial contemporâneo aparece ainda mais marcado pela dominação masculina. Por vezes, ele também se volta para dentro de casa, feito por amadores, sem maquiagens nem encenações sofisticadas. Esses vídeos exibem frequentemente uma sexualidade sinistra e violenta, livre de todo aspecto romântico ou romanesco, sem roteiro, sob uma iluminação crua, com uma maioria de cenas de ação em closes quase ginecológicos.

No entanto, os especialistas indicam que essas práticas ainda são consideradas pela maioria dos espectadores como fantasias. Em contrapartida, eles observam que a onipresença dessas imagens, sua invasão no real e a ausência de um contramodelo podem trazer problemas. Educados pelo pornô, os mais jovens criam concepções muito machistas da sexualidade. Nessa escola, eles passam a considerar suas parceiras femininas como objetos sexuais submissos, ou "vadias", como os filmes pornôs as chamam. Outra novidade

:: DESACELERE • OUSE DIMINUIR O RITMO E VIVA MELHOR

ocasionada pelas novas tecnologias: o sexo ou a relação virtual. Por vídeos ou salas de bate-papo, cada um se masturba em seu canto. Essas relações robóticas podem provocar derrapagens exibicionistas e narcisistas, comportamentos de vício similares aos de jogos de azar, bem como reforçar o isolamento e a pobreza da vida sexual.

Não apenas saturados de imagens, nós somos assediados por uma infinidade de discursos sobre a sexualidade. Michel Foucault já falava de "tagarelices" em torno do assunto em sua obra *Histoire de la sexualité*.[1] Esse blá-blá-blá também se desenvolveu nesses últimos anos por meio de conselhos em revistas femininas ou de depoimentos de sexólogos que falam bastante nas mídias. Essas discussões sobre fenômenos de moda – como o famoso ponto G, do qual não se ouve mais falar – têm por única finalidade a busca do orgasmo. O ato sexual é analisado minuciosamente e fracionado em uma série de gestos a aprender e empreender para conseguir chegar à sua realização. Aqueles que apesar de tudo não conseguem chegar lá encontram hoje estimulantes medicamentais em farmácia, como o Viagra. Anne Archet, blogueira especializada em sexo, salienta:

> A corrida ao orgasmo é similar à corrida por produtividade, em uma perspectiva que é muito semelhante ao taylorismo: fracionamento dos gestos, eficácia, sem falar do aporte tecnológico e do suporte científico dos especialistas titulares, os sexólogos. No final das contas, ter uma relação sexual acaba por se reduzir a uma sessão mútua de masturbação, na qual os participantes se utilizam mutuamente trocando (no sentido econômico do tempo) prazer sem dar nada de si mesmo. Em tais interações calculadas, há muito pouco espaço para a espontaneidade, a paixão desmedida ou a entrega de si mesmo.[2]

A essas evoluções sociológicas diretas, combinam-se outras tendências que têm influência indireta sobre o nosso prazer e a nossa libido. O estresse inerente a nossas vidas ultrarrápidas de

---

[1] Michel Foucault, *La Volonté de savoir, Histoire de la sexualité* (tomo 1) (Paris: Gallimard, 2007).

[2] O blogue: www.flegmatique.net.

produtividade parece ter invadido nosso espaço íntimo. Seria cada vez mais difícil para nossas populações esgotadas, com falta de tempo, desgastas por seus estilos de vida, fazer mimos e carícias dignas desse nome. Um estudo desenvolvido pelo Cabinet Technologia com mil funcionários mostra que, para 66,6% deles, o estresse tem um efeito negativo em sua vida afetiva. Os transportes e as reuniões que se eternizam até a noite colocam o desejo a meio mastro. A duração média mundial das relações sexuais, da penetração à ejaculação, se situaria em 3 minutos e 30 segundos por coito. Nos Estados Unidos, uma pesquisa de 1994 estimava que os americanos fazem amor em média 30 minutos por semana, considerando as preliminares.

O fabricante de preservativos Durex procurou saber como apimentar as relações sexuais. Ele realizou um estudo com seus clientes para determinar quais elementos seriam mesmo capazes de fazer chacoalhar nossos colchões por mais tempo. Concluiu-se que mais romantismo, mais carinho e mais amor tornariam o ato sexual mais *fulfilling* ou satisfatório. Em suma, é "em panela velha que se faz comida boa". Alberto Vitale e os adeptos do Slow Sex não vão dizer o contrário.

Os bocejos de um casal

Para o Slow Sex, não há nada como as preliminares. Ele atribui um lugar importante à lentidão que assegura um maior prazer às parceiras femininas. Obcecados pelo desempenho, os homens tenderiam a se afobar muito, esquecendo que as mulheres precisam de tempo para chegar ao orgasmo. Contudo, Slow Sex não significa obrigatoriamente apatia ou inércia; ele se baseia, antes de mais nada, na escuta das sensações recíprocas e no crescendo progressivo do desejo.

Em matéria de vida sexual satisfatória, os sexólogos concordam sobre um ponto: a variação dos ritmos é fundamental, já que ela permite quebrar o que poderia se assemelhar a uma rotina, fonte evidente de lassidão em um casal. Eis o porquê de, no âmbito do ato

:: DESACELERE • OUSE DIMINUIR O RITMO E VIVA MELHOR

sexual, cuidar do outro e lhe dar toda a atenção ajudam a redescobrir uma certa forma de sensualidade, tanto para si como para o outro.

Os adeptos do Slow Sex estimam que é preciso ultrapassar o esquema clássico e redutor traçado pelos sexólogos americanos Masters e Johnson,[3] célebres autores de uma terapia sexual, nos anos 1960. Sua teoria sequencia a relação sexual em quatro fases, que são: as preliminares, seguidas pelo platô, que mantém a excitação durante um certo tempo, o orgasmo, se possível, e enfim a resolução, que se caracteriza pelo relaxamento dos sentidos.

Essas fases são incontornáveis para se ter uma relação de qualidade? Há realmente um começo, um meio e um fim do ato sexual? A partir de qual momento preciso ou de qual gesto preciso consideramos que se começa e que se para de fazer amor?

Os partidários do Slow Sex preferem ultrapassar esse esquema das quatro fases e privilegiar um caminho na direção de um estado de consciência elevado, mais que uma destinação com um resultado incerto. Trata-se, por conseguinte, de refletir sobre seu desejo, mas também acolher o do outro.

O Slow Sex recomenda incorporar uma forma de espiritualidade na sexualidade para lutar contra os mecanismos de reificação do prazer. O movimento apresenta, assim, semelhanças com o tantrismo, que define o ato sexual como um caminho que leva a um estado mais elevado de consciência e de conhecimento, no sentido budista. Esse caminho conduz a uma maior abertura ao outro, a cada gesto, a cada carícia, que supostamente suscitaria um despertar mútuo dos sentidos. "É tomar o tempo de explorar o corpo do outro como se fosse a primeira vez", explica Carl Honoré, em seu *Éloge de la lenteur*. Certamente, o tantrismo – descrito com frequência como uma combinação de meditação, ioga e sexo reprimido – permanece mal compreendido e é tratado com indiferença pelo grande público, mas Carl Honoré insiste sobre o fato de que "depois de tudo, quando você desvencilha o tantrismo de sua bagagem espiritual, você conserva os

---

[3]   William H. Masters *et al.*, *Les réactions sexuelles* (Paris: Robert Laffont, 1968).

rudimentos de uma sexualidade satisfatória: carinho, comunicação, respeito, variedade e duração".

O Slow Sex busca enriquecer a relação sexual e evitar que os parceiros durmam de tédio durante suas relações. Ele luta contra o sentimento clássico de fracasso, tão difundido depois de um certo tempo de vida comum. Como diz o ditado: "Quando um casal toma água, é na cama que ele naufraga". Assim, a sexualidade lenta busca apagar a lassidão que se instala inexoravelmente a partir do momento em que não se sabe mais se divertir a dois. As regras defensivas fixadas pelos dois parceiros só aumentam as relações de dominação e de medo de ser deixado. A comunidade Slow Sex estima que é impossível encontrar ou reencontrar uma harmonia em um contexto de dominação-submissão, sem valorizar cada parceiro.

Pelo contrário, a relação entre os parceiros deve pender em direção à realização mútua de um ideal de amor, em torno de um sentimento profundo de segurança e de confiança no outro. Nessas condições, a criatividade na intimidade do casal poderá florescer com toda liberdade por meio do deixar-se levar, do divertimento lúdico, da qualidade da atenção a si e ao outro associada à expressão livre de seus desejos.

Princípios... ou não

Os princípios da origem tântrica do Slow Sex glorificam o bem--estar para além das aparências, o desejo para além das obrigações. Eles incentivam nos parceiros, pela valorização da qualidade sobre a quantidade, uma sensibilidade bem particular às sensações, para muito além das fantasias e de todas as formas de estresse ligadas ao culto da velocidade e do desempenho.

Certo número de regras foi elaborado a fim de instalar um clima propício ao amor obtido graças à "desaceleração erótica", preciosa para Alberto Vitale. Por exemplo, pode-se criar um ambiente estetizante, instalando luzes difusas, velas, uma música tranquila, pétalas de rosas, incensos. Para outros – "cada um tem seu gosto", como dizia Sade –, poderia ser uma estética gótica, barroca, *kitsch*, etc.

Pensa-se evidentemente em desligar a tevê, os celulares, suprimir qualquer outro fator de interferência e de perturbação.[4] Depois de se assegurar de que todas as preocupações cotidianas foram deixadas de lado, o tempo da exploração do corpo do outro pode começar; no vestiário dos banhos romanos antigos, lia-se gravado sobre o mármore: "Deixa aqui tuas roupas e tuas preocupações". É importante zelar pela escuta de si e do outro sem se preocupar com o desempenho, e também pela prática de gestos lentos, amplos e intensos; a questão é ficar emocionalmente concentrado, sabendo por vezes marcar pausas. O segredo seria considerar-se como um explorador a caminho da *terra incognita*...

Dito isso, o melhor conselho em matéria de Slow Sex seria justamente não fixar regras, deixar-se guiar pelos sentimentos e pelas emoções.

"Qual é o caminho para a felicidade? A felicidade é o caminho", ensina Buda. Definitivamente, é o caminho percorrido que importa, não o fim.

O *coaching* Slow Sex

Nos Estados Unidos, o centro One Taste Urban é incontestavelmente o instituto mais avançado em matéria de colocar em prática o Slow Sex. Fundado em 2001 em São Francisco por Nicole Daedone, ele organiza regularmente seminários destinados a grupos com cerca de quarenta pessoas. Esses seminários são dedicados a diversas práticas, como a meditação ou a ioga. Esses ensinamentos têm por objetivo conduzir à sexualidade lenta e ao orgasmo feminino: na mesma ordem de ideias, os cinéfilos rememoram *A cidade das mulheres* de Fellini (1980)!

---

[4] Precisão que está longe de ser inútil, uma vez que, segundo o *Huffington Post*, 20% das pessoas interrompem seus jogos ao sinal de uma nova mensagem de texto.

SLOW SEX ::

A prática começa ao amanhecer, a partir das 7 horas da manhã; os membros do grupo de formação, em casal ou não, começam seus trabalhos de exploração enquanto "parceiros de pesquisa".

No final da formação, um diploma de "Slow Sex Coach" é entregue aos participantes, que podem, a partir de então, propagar fora dali os métodos e as descobertas que fizeram. Autora de um artigo na revista *Ravages*, Nicole Daedone[5] explica que

> Como o Slow Food, o Slow Sex é uma filosofia que quer desvendar o sexo até seu estado mais essencial, visando aprender a sentir profundamente em nossos corpos e a comunicar nossos desejos. Mas, da mesma forma que você não pode realmente compreender o Slow Food até dar a primeira garfada, o Slow Sex só pode ser compreendido quando é experimentado.

O sexo seria assim um produto *terroir* preparado com amor que se saboreia física e psiquicamente.

Uma visão estreita da sexualidade

O Slow Sex aponta indubitavelmente alguns problemas da sexualidade contemporânea. A compulsão, o sexo voltado para o resultado e a busca por uma recompensa imediata, que é o orgasmo, são aspectos característicos de nossa época. Entretanto, suas proposições parecem um pouco conservadoras. O ser humano possui um imaginário sexual muito refinado e diverso. As fantasias de dominação, os desejos masoquistas e a bestialidade estão no cerne da sexualidade humana. O recente sucesso do livro *Cinquant nuances de Grey*, de E. L. James,[6] prova até mesmo que o sadomasoquismo *soft* banalizou-se totalmente. Lembrando que é importante escutar os desejos do outro, o Slow Sex afirma uma verdade evidente, que nem sempre é aplicada à realidade. Mas fazendo isso, deveria estar consciente de que

---

[5]   Nicole Daedone, "Slow love", em *Ravages: dossiê Slow*, nº 7, p. 102 (Paris: JBZ & cie, 2011).

[6]   E. L. James, *Cinquant nuances de Grey* (Paris: JC Lattès, 2012).

ela pode ir muito mais longe que um simples desejo de fazer amor à luz de velas. Para alguns, estas são muito mais interessantes quando escorrem sobre a pele nua. Um estacionamento sombrio pode estar mais de acordo com fantasias e estéticas pessoais e ser bem mais excitante que uma cama bem-feita e limpa.

No que diz respeito aos casais, o melhor conselho a se tirar do Slow Sex é mostrar-se criativo. Fazer amor sempre na mesma hora, sempre no mesmo lugar, no domingo de manhã ou naquele intervalo sacana programado para quando as crianças estão fora, conforme um ritual imutável, é sem dúvida alguma a melhor forma de matar a sexualidade de um casal. Deve-se tentar a mesa da cozinha, o sexo ao ar livre, etc., quando se tratar de um impulso espontâneo ou de um jogo, mas não uma obrigação de desempenho, nem uma imitação de lugares comuns cinematográficos. Se bem que, às vezes, não faltam ideias originais em certos roteiros de velhos filmes pornôs dos anos 1980.

Por que não *sextoys* Slow?

Se o sadomasoquismo *soft* está na moda e não está em absoluta contradição com os princípios do Slow Sex (aliás, nem mesmo uma rapidinha em um elevador está...), é a maneira e o investimento pessoal e emocional que contam e não a coisa em si, seja o desempenho ou não. Então os *sextoys* logicamente integraram também a esfera da sexualidade banalizada, como o fetichismo e o ato de se travestir, etc., sem falar da homossexualidade e da bissexualidade que entraram em todas as famílias. Evidentemente, um *sextoy* slow deveria, pelo menos em teoria, ser mais pessoal ou personalizado, não industrial ou padronizado, sem por isso ir até a caricatura do pepino orgânico e da banana Max Havelaar do comércio justo.

Um *sextoy* original, mais ou menos customizado, ou feito em casa, certamente traz algo a mais aos jogos eróticos e à fantasia de um casal. A maneira de empregá-lo também é importante, até mais do que seu formato ou o material do qual é feito: couro, madeira, chifre, marfim, jade, ou simplesmente látex. Recomenda-se a maneira suave, que provoca *frisson*, ou a mais firme, mas sobretudo não à moda *electro-techno* dos vibradores acessórios das propagandas para ingênuos. O bom gosto e a personalização até o incongruente ou o mais recôndito são provavelmente o princípio fundamental do Slow e em particular do Slow Sex. O Slow Food pode, aliás, ser consumido na cama: salames do *terroir* de puro porco e legumes frescos de feira com formas sugestivas.

O onanismo com ou sem *sextoys* pode ser um excelente Slow Sex, até mesmo uma passagem obrigatória para alcançar esse nirvana tântrico desmistificado e desempoeirado do clichê Hare Krishna que um casal feliz e satisfeito poderia atingir mesmo depois de vinte anos de casamento. Sim, o sétimo céu, como na lua de mel, é possível e nem tão difícil se nos damos o tempo e os meios, a ternura, a paciência e a abertura... de espírito.

A prostituição Slow ou prostituição ética

Slow Sex e prostituição parecem incompatíveis. A prostituição é um assunto bastante controverso e de luta entre abolicionistas que querem erradicá-la e adeptos do capitalismo neoliberal sem fé nem lei, selvagem, com todos os excessos e os riscos que ele subentende. A abolição da prostituição na Suécia é uma farsa, uma vez que os bordéis e os cassinos *offshore* não esvaziaram: ela apenas tornou-se um luxo de ricos. Podemos comparar essas legislações à proibição nos Estados Unidos do entreguerras que só criou uma rede de bebidas alcoólicas e de drogas subterrânea e mafiosa. Uma prostituição assumida e pensada, um verdadeiro comércio justo de corpos para alugar, deveria ser possível. Isso implicaria a reabertura dos prostíbulos, ou casas de tolerância, que permitiriam a proteção de trabalhadoras e trabalhadores do sexo, que deveriam poder exercer sua profissão em tempo parcial e por um período determinado, além de ter a possibilidade de redirecionamento de ofício depois de sua aposentadoria antecipada e, como qualquer outro trabalhador, beneficiar-se de direitos sociais, seguro-desemprego, seguro-saúde, férias pagas, licença-maternidade. Um reconhecimento social gratificante

:: DESACELERE • OUSE DIMINUIR O RITMO E VIVA MELHOR

é necessário para que "puta" não seja mais injúria, mas um elogio. Trata-se de uma profissão social da mesma maneira que médico, psicólogo, psicoterapeuta; isso pode ser chocante, mas a prostituição é o ofício mais velho do mundo e o será ainda em um mundo Slow.

Os direitos ao sexo e às sexualidades

Um grupo de militantes internacionais organizou em março de 2013 a primeira edição de um festival das sexualidades em Lausana, na Suíça. Seu manifesto, escrito por Sasha Osipovich, Viviane Morey e Lisa Skory, e complementado pelo doutor Pierre de Coulon, médico pesquisador em bioética e neuropsicologia comportamental, defende uma visão que resume as noções próprias do Slow Sex e da prostituição ética. Nós reproduzimos aqui alguns trechos:[7]

> O direito ao sexo considera uma abordagem positiva e festiva das sexualidades.
>
> O sexo serve para ter e dar prazer, então tenhamos e demos prazer bem!
>
> Não há nenhum limite à criatividade humana e às possibilidades de identidades e de sexualidades diferentes.
>
> O gênero tem somente a importância que se dá a ele. O gênero é o que cada um/a quer que ele seja. A biologia humana apresenta tal diversidade que um simples conceito binário homem-mulher não pode ser senão redutor e inadequado. O gênero é um *sextoy*.
>
> [...]
>
> O sexo nunca é obsceno em si. A violência, o ódio, o abuso, a desumanização e a exploração é que são obscenos. A criação de uma alternativa à indústria pornográfica destrutiva é essencial. [...]
>
> Cada pessoa goza fundamentalmente de um direito inalienável à autonomia corporal.

---

[7] Cf. a integralidade do manifesto no endereço www.lafeteduslip.ch.

SLOW SEX ::

O manifesto dos direitos ao sexo e às sexualidades implica evidentemente, por consequência, deveres sexuais: dever de proteger esse direito inalienável de cada indivíduo ter uma sexualidade autônoma, original, para si, e exprimi-la individualmente, em casal ou em grupo, segundo seus próprios desejos ou convicções pessoais, em consonância com suas experiências socioculturais e religiosas. É importante que nenhuma autoridade político-judiciária ou religiosa imponha uma norma ou um modelo e que ela não possa regular a sexualidade de um indivíduo ou de um grupo de indivíduos que livremente a escolheu sem impô-la a outros, por qualquer meio que seja: proselitismo, culpabilização, chantagem, ameaça, teorias comportamentais raciais da reprodução, eugenia, etc.

A não sexualidade, ou seja, a castidade também é uma sexualidade que deve ser respeitada da mesma maneira que todas as outras formas de sexualidade livremente consentidas.

Slow Turismo

DAS GRANDES VIAGENS AOS VOOS *LOW COST*

O homem é, em sua origem, um animal nômade. Os antropólogos acompanham suas peregrinações mais antigas de um continente a outro. Até a época moderna, ele se deslocava em busca de novos territórios e de subsistência; depois, por motivos comerciais, militares ou ainda de exploração e de conquista. Somente a partir do século XVII é que o turismo (do latim *tornus*, que significa "ir e voltar"), ou seja, a viagem por prazer, conhece seus primeiros admiradores. Os jovens das classes abastadas da sociedade europeia, em particular britânica e alemã, eram enviados ao exterior para aperfeiçoar sua educação. Eles iam principalmente para a França, Alemanha, Suíça e Itália e ficavam por longos períodos. Essa grande viagem, realizada sob o controle e a autoridade de um tutor, tinha por objetivo dotá-los de uma cultura clássica.

A prática abriu-se, nos séculos seguintes, a amantes das artes e escritores, como Stendhal, Goethe ou Alexandre Dumas, que extraíram belas páginas de suas viagens. Os destinos tornaram-se mais longínquos: Grécia, Ásia Menor e Jerusalém foram incluídos ao programa. No século XIX, o desenvolvimento da ferrovia tornou os deslocamentos mais fáceis. A burguesia juntou-se ao grupo dos turistas. Eventos concebidos para atrair multidões de estrangeiros, como a Grande Exposição de Londres de 1851, reuniram mais de 6 milhões de visitantes oriundos, em sua maioria, dos países europeus vizinhos. O turismo de praia, depois o de cura e o de esportes de inverno transformou pouco a pouco algumas cidades ou vilarejos em lugares de férias com alto potencial turístico. Essas estações então se dotaram de infraestruturas específicas: hotéis luxuosos, centros termais, restaurantes, cassinos, etc.

O século XX marca a explosão dessas práticas. O advento do carro e do avião contribui para saídas mais frequentes e afastadas. Sobretudo em 1936, graças à Frente Popular, os franceses beneficiam-se de suas primeiras férias remuneradas. Multidões de trabalhadores ganham o litoral e descobrem as alegrias dos balneários. Por muito tempo reservado a uma elite, o turismo transforma-se em um fenômeno de massa.

Desde então, esse modelo não parou de se desenvolver. Tomou uma direção ainda mais democrática a partir dos anos 1990, com a invenção dos voos *low cost*. Dessa forma, visitar uma capital está ao alcance de todos os bolsos, ou quase. Primeiro destino turístico no mundo, a França recebeu 76,8 milhões de viajantes em 2009. Graças a esse fluxo de visitantes, o país arrecadou uma receita da ordem dos US$ 49,4 bilhões. A nível mundial, o setor contabilizou nesse mesmo ano receitas elevando-se a US$ 852,2 bilhões. Esses números expressivos fazem do turismo a primeira indústria do mundo. Segundo a Organização Mundial do Turismo, o crescimento não deve diminuir. A alta do nível de vida em países bastante povoados, como a Índia, a China e o Brasil, compensa a retração observada na Europa em razão da crise. Foi assim que, em 2012, a França bateu a barreira do bilhão de turistas internacionais. As previsões anunciam até mesmo mais de 1,5 bilhão de turistas em 2020.[1] Inúmeros países fizeram do turismo um eixo de desenvolvimento prioritário. Como apontam os estudos, trata-se efetivamente de um setor multiplicador de empregos variados que, em parte, absorve as perdas no campo industrial.[2] A visão de Michel Houellebecq, apresentada em *La carte et le territoire*,[3] de uma França transformada, dentro de algumas décadas, em um gigantesco parque turístico nesse sentido não parece infundada. A sociedade dos lazeres na qual vivemos convida a viajar mais, a ir mais longe, e dispõe de toda a parafernália técnica que permite

---

[1]   Boletim *Veille info tourisme*, "Tourisme international: les incontournables", 2010.
[2]   Mark S. Rosentraub e Mijin Joo, "Tourism and Economic Development", em *Tourism Management* 30 (5), 2009.
[3]   Michel Houellebecq, *La carte et le territoire* (Paris: Flammarion, 2010).

essa progressão do turismo. Observa-se, além disso, o lançamento dos primeiros voos espaciais com vocação turística graças à companhia Virgin Galactic.

Verdadeiro maná para as regiões de hospedagem, o turismo, em sua dimensão mais massiva, pode transformar-se em verdadeira chaga responsável por danos irreparáveis em locais esplêndidos. Os litorais são ferozmente concretados pelas construtoras. Ecossistemas frágeis são devastados. A organização social de certas zonas é completamente abalada. Uma cidade como Veneza sofre com a saturação e se esvazia de habitantes, tendo por consequência uma perda de identidade do lugar. Nas Maldivas, não sabendo como gerir o lixo resultante do turismo, as autoridades condenaram uma de suas ilhas ao *status* de aterro gigante. Apesar de um comprimento de 7 quilômetros e uma largura de 200 metros, a ilha agora está transbordando, jogando no mar resíduos de chumbo, cádmio, mercúrio e amianto. As idas e vindas incessantes de aviões e carros geram uma poluição significativa. Segundo o *Veille info tourisme*, os impactos brutos das atividades turísticas mundiais representam em números 5% das emissões de gás do efeito estufa, das quais 75% devem-se aos transportes e, dentro dessa categoria, 55% ao transporte aéreo.

À margem desses fenômenos globais, um turismo alternativo propondo aventuras que respeitam mais o meio ambiente e as culturas desenvolve-se desde os anos 1950. Pode-se considerar os *beatniks* como os pioneiros desse retorno a uma forma de nomadismo que alia liberdade e vida em comunhão com a natureza. Para essa geração, a estrada representava um símbolo de liberdade, tanto do ponto de vista físico quanto do psicológico. Esse estilo de vida contestador compartilha alguns pontos comuns com o Slow Turismo, uma nova tendência do turismo que nos interessa aqui.

O advento do turismo responsável

Não se nasce turista, torna-se turista. Por duas razões: primeiro, porque se adquire ou não, ao longo de sua juventude, a cultura das férias, do turismo e das viagens, que marca necessariamente na idade

:: DESACELERE • OUSE DIMINUIR O RITMO E VIVA MELHOR

adulta os hábitos e as práticas turísticas. Porque, a seguir, nós também somos, mais ou menos, por meio das narrativas, dos hábitos, dos comportamentos que elas nos evocam, o produto das gerações de turistas e de viajantes que nos precederam. Impossível, portanto, para compreender o turismo de hoje, desconsiderar o que ele era ontem.[4]

Assim, o imaginário turístico se nutre da educação. As crianças que viajaram o mundo com seus pais desejarão compartilhar essa experiência com seus descendentes. Aqueles que fizeram turismo cultural em sua juventude irão a contragosto se espremer em uma praia espanhola lotada em meados de agosto.

Viajar para longe também é uma maneira de indicar que se possui um poder aquisitivo substancial. Em um período em que os indivíduos temem uma forma de desqualificação, a semana de férias do outro lado do mundo tem um papel de distinção social.

O sonho é igualmente um motor potente da atividade turística. "No campo da mobilidade turística, o imaginário dominante permanece moldado pela *jet set** e seus jatos privados", observa o pesquisador Ghislain Dubois.[5]

Para esse autor, o modelo do turismo de massa tal qual é praticado há algumas décadas está condenado. "Os preços do transporte aéreo alcançaram sem dúvida um piso histórico em 2000, e daí em diante devem aumentar progressivamente às alturas."[6] Existem várias razões para esse fenômeno: a introdução de um controle das emissões de gás de efeito estufa do transporte aéreo e talvez muito em breve uma taxa mundial sobre o carbono.

As operadoras turísticas inovam e os viajantes pioneiros que antecipam essas realidades futuras desde logo se lançam em novas

---

[4] Jean Viard, *Réinventer les vacances. La nouvelle galaxie du tourisme* (Paris: La Documentation française, 1998).

[5] Ghislain Dubois, "Le long chemin vers le tourisme lent", em *Cahier Espaces: Nouvelles mobilités touristiques*, nº 100, março de 2009.

* O termo *jet set* foi criado na década de 1950 e refere-se a pessoas pertencentes a classes sociais altas que se deslocavam por meio de jatos particulares, a fim de frequentar locais e eventos exclusivos. (N.T.)

[6] *Ibidem.*

SLOW TURISMO ::

práticas e tendem em direção ao Slow Turismo. Os especialistas do ramo salientam que o sucesso dessa noção acompanha um entusiasmo geral pelo turismo responsável. Ela se enraíza nessa nova ética de viagem que busca limitar o impacto sobre o meio ambiente, tanto físico quanto natural. O turismo responsável se divide em várias famílias, como o turismo sustentável, reagrupando o ecoturismo e o turismo rural; o turismo justo, com base nos mesmos valores que o comércio justo; o turismo solidário, associado a projetos e ações de desenvolvimento e de solidariedade; ou o turismo ético, privilegiando o desenvolvimento econômico e a preservação dos recursos naturais, culturais e sociais.

O Slow Turismo distingue-se dessas subcategorias pela importância que dá às noções de prazer e de lentidão. Ele propõe uma alternativa ao turismo de massa defendendo uma locomoção lenta e pouco poluente por barco, bicicleta ou mesmo a cavalo. Engaja-se em uma perspectiva de viajar com menos frequência, mas permanecer mais tempo em um lugar. Convida a seguir itinerários fora dos percursos turístico clássicos e a entrar em contato com a população para se impregnar de seu saber sobre a região visitada. Reprova as compras em museus, as programações demasiado intensas e as visitas-relâmpago. Fazer um *trekking* nas montanhas do Nepal, meditar em uma gruta e rodar a Irlanda em carroças puxadas por cavalos constituem atividades turísticas próximas da acepção Slow. Mas a essas viagens frequentemente organizadas, o Slow Turismo, em sua essência, prefere as aventuras solitárias e o virar-se sozinho, as trilhas ou as viagens em cargueiros. A influência dos profissionais do turismo, cujo objetivo continua sendo o de vender viagens, entretanto, tende a deturpar essa noção romântica para fazer dela um argumento de marketing.

O conceito de Slow Turismo aparece por volta de 1999 e encontra seus principais sucessos na Suíça, na Alemanha e na Bélgica. Não existe hoje nenhuma organização centralizada desenvolvendo ações concentradas ou gerenciando a designação Slow Turismo. No entanto, há diversas estruturas, como agências de viagem ou associações, que reivindicam esse novo ideal de viagem.

:: DESACELERE • OUSE DIMINUIR O RITMO E VIVA MELHOR

Em razão dessa disseminação, o Slow Turismo não se resume a uma única definição. Mas a ideia de romper com os comportamentos gregários do turismo de massa para recriar momentos de viagem autênticos caracteriza a maioria dessas iniciativas que colonizam todos os setores, do campo do luxo ao da viagem de mochileiro.

O Slow Turismo incorpora um contraponto em uma época caracterizada pelo culto à urgência e à instantaneidade. Ele está de acordo com as aspirações dos europeus que manifestam uma real necessidade de aproveitar melhor a vida e os momentos de lazer. Uma pesquisa da Ipsos[7] feita na França, Alemanha, Grã-Bretanha e Itália indicava que 77% das pessoas interrogadas desejavam diminuir o seu ritmo de vida. A sociologia assinala igualmente a progressão de novos valores e comportamentos. O sociólogo Joffre Dumazedier observa a potente alta de três novas tendências:[8]

> a valorização social de si por uma expressão bem mais livre, mais espontânea do corpo, do sonho e do imaginário;

> o estabelecimento de uma nova relação com o outro, nem egoísta, nem individualista, mas que passa por uma nova relação entre individualidade, de uma parte, e agrupamentos ou instituições (famílias, empresas), de outra;

> a aparição de uma nova relação com a natureza, que subentende a possibilidade de transformá-la, mas não violentá--la. Respeita-se ela por ela mesma e por nós mesmos, como quadro de vida.

O sucesso de programas de televisão como *Pékin Express* do canal M6, em que, mesmo que se trate de uma corrida, o objetivo é atravessar o continente com apenas um euro por dia no bolso, ou *Rendez-vous en terre inconnue*, que mergulha o convidado em uma cultura que ele desconhece, demonstra o interesse de um público significativo por uma viagem fundamentada em outros valores que não

---

[7] Divulgado em maio de 2011, o estudo "Le Slow, ou l'aspiration des Européens à ralentir" foi realizado com 4.066 indivíduos de idades entre 16 e 64 anos, ou seja, um pouco mais de mil pessoas por país.

[8] Joffre Dumazedier, *Les métamorphoses du travail et la nouvelle société du temps libre*, Coleção Logiques sociales (Paris: L'Harmattan, 2000).

o de consumo rápido. Paralelamente, o desenvolvimento de modos ecológicos de hospedagem, como a sublocação de apartamentos ou caronas organizadas, é outro indício dessas evoluções sociológicas.

O meio ambiente sem dúvida constitui um dos principais argumentos do turismo, e sua preservação também aparece como cada vez mais essencial para aqueles que dependem dele. A Ilha de Maiorca, na Espanha, por exemplo, há uns quinze anos empenhou-se em uma operação de reabilitação de seu território. Após décadas de turismo de massa gerando graves problemas de abastecimento de água, de tratamento de lixo e uma exacerbação dos conflitos com os nativos, fartos do barulho dos turistas,[9] as autoridades lançaram um programa que visava remodelar o planejamento da ilha e os fluxos de veranistas. Maiorca promove um turismo rural que destaca suas paisagens interiores e desafoga suas praias. Esse novo modelo permite diversificar a oferta e reabilitar as áreas já construídas, além de assegurar uma melhor coesão social.

A crise de 2008 também foi um dos vetores que provocaram evoluções na maneira de encarar as férias. A redução do poder aquisitivo teve como efeito, sobretudo, conduzir os veranistas de maneira quase natural em direção ao Slow Turismo, forçando-os a viajar para lugares mais próximos e buscar soluções mais econômicas, como ficar na casa de um morador local. Nesse sentido, o desenvolvimento de sites de sublocação de apartamentos privados, como Airbnb ou HouseTrip, contribuem de maneira indireta com essa tendência.

Ao passo do boi

Lendo *Tristes Tropiques* de Claude Lévi-Strauss,[10] somos apresentados às dificuldades do périplo que o etnólogo faz até as regiões mais remotas do Brasil. Com a intenção de se juntar aos acampamentos dos Nambikwara, no noroeste do Mato Grosso, ele se lança em

---

[9] Jean Reynaud, "Surexploitation des ressources et dégradation de l'environnement face à la croissance touristique des Baléares?", em *Rives méditerranéennes*, nº 12, 2002, pp. 119-135.

[10] Claude Lévi-Strauss, *Tristes Tropiques* (Paris: Pocket, 2001).

:: DESACELERE • OUSE DIMINUIR O RITMO E VIVA MELHOR

uma viagem de várias semanas, levado por cavalos e bois que transportam alimento e presentes para os indígenas. A própria preparação da viagem durou semanas, pois era preciso encontrar vaqueiros, guias e acompanhantes a fim de formar uma verdadeira caravana. Nessa época, não existiam estradas na região; a equipe devia abrir caminho pela selva e pela mata fechada. Os perigos eram inúmeros ao longo do trajeto. Animais morriam de cansaço. As chances de se chegar ao fim eram das menores.

Um pouco menos de cem anos mais tarde, mesmo regiões com geografia e climas extremos, como o Saara, a Amazônia ou os dois polos, se tornaram acessíveis. As infraestruturas rodoviárias, ferroviárias e aeronáuticas permitem ligar praticamente todos os pontos do planeta. Graças a esse progresso, não há mais necessidade de ser um explorador ou um etnólogo para passar alguns dias em terras remotas da África ou da América do Sul. O ganho em conforto, em segurança e em tempo abre o mundo à maioria dentre nós. Longe de querer voltar ao tempo dos pioneiros, o Slow Turismo demonstra, contudo, uma nostalgia por essas viagens que avançavam ao ritmo do passo de um animal. As mais belas narrativas de viagem, como as de Annemarie Schwarzenbach ou de Jack Kerouac, nos fascinam tanto pela narrativa dos encontros, por seus pontos de vista sobre o mundo, quanto pelas aventuras ligadas aos deslocamentos e ao tédio, o qual permite pensar e escrever. A estrada é incontestavelmente uma incubadora de acasos, de incidentes e de intrigas. A velocidade dos meios de transporte atuais aboliu essas horas e esses infortúnios. Incentivando meios de locomoção menos diligentes, como o trem, o cavalo ou a mobilete, o Slow Turismo dá uma nova chance à surpresa de arrebatar o viajante, enquanto um trajeto de avião não o autoriza a isso, senão em raras exceções. Paul Morand[11] resume isso muito bem, dizendo: "Você viu muito rápido, fique mais um pouco" ou "É a viagem que conta, não o lugar para onde se vai". O designer de sapatos Christian Louboutin relata o mesmo com uma ponta de crueldade sexista, quando diz que as mulheres que usam saltos vertiginosos

---

[11]   Paul Morand, *L'homme pressé*, Coleção L'Imaginaire (Paris: Gallimard, 1990).

SLOW TURISMO ::

agradecem-lhe, pois são obrigadas a andar mais lentamente, assim elas descobrem Paris de outra maneira!

Certamente andar de modo mais lento pode implicar ver melhor, mas também ver menos. O Slow Turismo revoga a prática que consiste em visitar o máximo de pontos turísticos notáveis em um mínimo de tempo. Aqueles que o praticam acreditam que a otimização do tempo de viagem vai de encontro ao próprio conceito de férias e que esse gênero de pragmatismo temporal não permite apreciar os monumentos com seu justo valor. Eles defendem, pois, buscar compreender de maneira mais profunda o que liga os homens a seu ambiente específico. Assim, as férias podem realmente se assemelhar a períodos de repouso e de enriquecimento, e não a paródias de nossas vidas vividas a um ritmo desenfreado, nas quais reproduzimos nossos hábitos do escritório e nosso cotidiano multitarefa.

Partidário do *less is more* a nível turístico, o Slow Turismo convida a reduzir o número de experiências durante as viagens e a se concentrar em sua qualidade, uma vez que o turismo lento significa viver a experiência do tempo na viagem. Viajar de acordo com o seu tempo, levando tempo para apreciar alguns momentos de felicidade em vez de acumular as experiências atropeladas.

Em conversa com Denis S., um adepto do Slow Turismo encontrado em um charmoso vilarejo no sul da França, ele resume seu credo de forma encantadora:

> Há quanto tempo você não tem tempo de tomar um aperitivo em uma varanda, experimentar especialidades locais sentado à sombra de um pequeno café, perdido em algum canto magnífico da França ou de outro lugar, e de sentir o calor de seus moradores? Desde quando você não se diverte ficando perdido nesse canto ainda desconhecido, guiado por um simples desejo de sentir, de encontrar pessoas? Você não tem vontade disso? Sente falta? Gostaria de comer sempre rápido, mesmo correndo o risco de comer mal, e ainda viajar rápido arriscando viajar mal? Bem antes do primeiro homem pisar na lua, o turismo talvez seja a mais bela conquista do homem sobre a terra. Então, torne-se um turista Slow! O turista lento tem, antes de tudo, um estado de

:: DESACELERE • OUSE DIMINUIR O RITMO E VIVA MELHOR

espírito fundado na vontade de realmente encontrar os moradores, os outros turistas também, e repousa ao mesmo tempo sobre princípios fortes e simples: dar-se o tempo de viajar, aquele da descoberta, e imergir no espaço visitado vivendo plenamente a experiência turística. Para o turista que pratica a lentidão, a visão não é o único sentido utilizado, pois os passeios, os sabores, as conversas, esse novo gênero de prática turística abre-se a outras sensações. Desacelerando nosso cotidiano, mudando o meio de transporte e reduzindo sensivelmente nossa mobilidade, nós apreciamos a tranquilidade, o repouso, recarregamos as energias, o que leva ao despertar de nossos sentidos. E tudo isso a partir da qualidade das experiências vividas e não da quantidade de coisas feitas.

A aventura humana

Ao viajar em grupo, seguir um programa definido com antecedência, hospedar-se em hotéis desligados do resto da população ou impedir de acontecer toda forma de imprevisto ao longo do caminho, o turismo de massa priva os viajantes de um prazer essencial da atividade, que consiste em encontrar o outro. Como salienta Edgar Morin: "No fundo, o turismo é concebido para impedir as pessoas de se encontrarem".[12] Por sua organização, suas infraestruturas e seu ritmo, a indústria turística corta de fato toda possibilidade de descobrir realmente uma cultura diferente por seus habitantes e seus lugares.

O Slow Turismo requer qualidades como a curiosidade, a escuta e a disponibilidade. É apenas quando se coloca isso em prática que torna-se enfim possível descobrir a natureza, a cultura, a gastronomia e toda a riqueza de uma região. Em vez de reservar tudo com antecedência, organizar um programa pormenorizado de visitação, convém simplesmente confiar em si mesmo, deixar-se levar e acreditar no improviso. Isso passa, por exemplo, por pernoitar na casa de

---

[12] Edgar Morin, "Tourisme et solidarité", em revista *Téoros*, outono de 2007.

SLOW TURISMO ::

um morador local ou pelo encontro com aqueles que vivem e fazem viver sua região. Os partidários do Slow Turismo constatam que os nativos claramente sabem mais que os guias turísticos aos quais nos reportamos em viagem. Trata-se, portanto, de uma filosofia da viagem por impregnação, que exige abertura e disponibilidade de espírito. O homem quer viver melhor, utilizar melhor o tempo, expressar-se e, sobretudo, expressar sua diferença. Ao mesmo tempo, como ele é um ser social, ele quer se comunicar com os outros.

Pegadas que deixam marcas

O secretário-geral das Nações Unidas Ban Ki-moon preocupa-se com as devastações sociais e ecológicas do turismo. Ele assume o papel de advogado de uma evolução de nossas práticas turísticas: "Nós devemos mudar nossos modos de vida e repensar nossa forma de viajar", afirmava na ocasião do Fórum Econômico Mundial de Davos, em 2007.

O WWF inglês estimava, já em 2002, que as férias no Mediterrâneo tinham, em apenas duas semanas, um impacto ecológico superior a 50% com relação ao nosso consumo anual. Transporte e hospedagem são as atividades principais no turismo de massa que contribuem para o aumento da pegada ecológica, três a quatro vezes superior à das populações indígenas. Atividade essencial em um sistema econômico sempre baseado mais na experiência que na posse de mercadorias, o turismo está longe de representar um modelo sustentável. Se não mudar consideravelmente seu modo de funcionamento, esse ramo está destinado a se tornar um problema maior ao planeta, a seus recursos e a seus ecossistemas.

Uma das primeiras iniciativas que poderiam limitar o impacto da atividade turística seria implementar uma política climática mundial de controle das emissões de gás carbônico. Os posicionamentos atuais permanecem ainda muito distantes de tal acordo. Entretanto, sabe-se que os transportes, na era da hipermobilidade, representam um quarto das emissões totais de desse gás. De imediato, o Slow

:: DESACELERE • OUSE DIMINUIR O RITMO E VIVA MELHOR

Turismo convida a agir de maneira individual ao optar por modos de transporte de baixo impacto sobre o clima e o meio ambiente.

Esses modos de deslocamentos mais tranquilos permitem sentir plenamente as mudanças geográficas, a diferença cultural que se opera, e extrair desses momentos intermediários entre dois pontos uma forma de volúpia – bem ao contrário do "êxtase da velocidade", tão criticado por Milan Kundera. Esses adeptos de uma viagem harmoniosa nos lembram que a felicidade não se alcança pela engorda, mas pela degustação; Epicuro é provavelmente o melhor exemplo disso. O turismo lento é uma doce mistura de tempo redescoberto, em um espaço estético onde o jogo do amor pode se expressar. Como já dizia Edgar Morin,[13] é "viver poeticamente, de amor, de jogo, de comunhão". Não se trata de apertar o cinto, mas de afastar-se temporariamente de um ritmo de vida acelerado que priva os lazeres de todo o prazer, que impede de seguir o fio da história e armazenar um estoque de belas lembranças.

Entre o bicho-grilo e o burguês-boêmio

Slow Food conseguiu combinar gastronomia com ecologia e tradições locais. O Slow Turismo tenta realizar a mesma junção em seu campo de atividade. Para tanto, o movimento toma para si certos valores típicos dos loucos por estrada. Inaugurada pelos *beatniks* nos anos 1950, essa forma de viajar sem um destino preciso tinha uma dimensão contestatória. A contracultura buscava pegar a tangente com relação aos fluxos majoritários e se distinguir da geração precedente. Era o tempo das grandes aventuras de jovens em Kombis Volkswagen – contudo bastante poluentes – cobertas de flores, que se lançavam à descoberta de territórios e de populações com forte potencial em produtos alucinógenos, sem o mínimo empecilho temporal.

---

[13]   Edgar Morin, em *Le Monde 2*, 5 de maio de 2007, debate com Luc Ferry.

O Slow Turismo reativa essa tradição, desvencilhando-a de sua roupagem "paz e amor", das drogas e de sua dimensão comunitária. Seus precursores tampouco desdenhavam de conforto, até mesmo de luxo. A expressão Slow acompanha viagens concebidas para todos os bolsos, dos mais parcos aos mais ostentosos. A exortação a diminuir o ritmo, a primazia do deslocamento sobre o fim a ser alcançado e o objetivo de fazer encontros, assim como a contestação de uma cultura de massa considerada como alienante, são aspectos que compartilham essas iniciativas turísticas.

Como foi dito, o Slow Turismo se inscreve mais amplamente em uma esfera de influência global do turismo responsável. Por volta de quinze anos atrás, estatutos e códigos de conduta tentavam conter os excessos do turismo de massa e tornar a atividade turística mais respeitosa com os lugares e as populações visitadas. A referência nessa matéria é o *Código Mundial de Ética do Turismo*,[14] elaborado pela Organização Mundial do Turismo. Esse documento afirma o direito ao turismo para as populações, lembra os direitos dos trabalhadores do ramo e enuncia uma lista de princípios quanto ao respeito ao meio ambiente e um desenvolvimento controlado das infraestruturas. Apesar de não coercivos, esses estatutos e códigos demonstram uma ampla conscientização dos excessos do turismo.

A temática está igualmente na agenda dos governos e das organizações supranacionais, como o Conselho da Europa ou das Nações Unidas, assim como presente em inúmeros relatórios, na implementação de novas normas e na criação de agências internacionais, como o Observatório Internacional do Turismo Sustentável, dedicado à promoção de boas práticas e da sustentabilidade no turismo. Na França, a União Nacional das Associações de Turismo e Atividades ao Ar Livre (Unat, sigla em francês) engajou-se, em 2009, em uma iniciativa de turismo sustentável com a adoção de um estatuto. O conjunto dessas iniciativas tem por objetivo limitar os impactos do turismo sobre a mudança climática, preservar a biodiversidade, assegurar um desenvolvimento territorial social e justo e responder às demandas de um turismo responsável.

---

[14] Disponível em www2.unwto.org.

:: DESACELERE • OUSE DIMINUIR O RITMO E VIVA MELHOR

Ao mesmo tempo, assiste-se a uma explosão de oferta de operadores turísticos, agentes de turismo, associações e mesmo mídias propondo formas de turismo alternativo. A Associação dos Operadores Turísticos Temáticos (ATT) agrupa um bom número dessas organizações e empresas que compartilham valores fundamentados no respeito, na solidariedade e na qualidade. Em linhas gerais, a ATT incentiva uma descoberta autêntica das regiões de acolhida, zela para que os benefícios econômicos sejam justamente repartidos e respeita os usos e as diferenças culturais, assim como o meio ambiente e o patrimônio cultural e natural.

Favorável aos valores do turismo responsável, o Slow Turismo os associa a uma dimensão espiritual. As noções de renovação de energias e de relaxamento, que lembram a cultura *new age* e a moda dos *spas*, do *lounge* e da *zen attitude*, contribuem com a originalidade desse movimento. Desse modo, um retiro em um monastério poderia muito bem entrar nessa visão de turismo, a ideia consistindo sempre em imergir em um lugar e viver ao ritmo de seus moradores para compartilhar sua cultura e seu cotidiano.

De maneira geral, o Slow Turismo combate a propensão do viajante a colonizar o lugar e a olhar os residentes com desprezo e altivez. Pelo contrário, o visitante deve buscar colocar-se na mesma altura de seus anfitriões, tentar viver à maneira e ao ritmo deles, mais que impor seus hábitos e costumes. Assim, o turismo não será mais uma atividade predatória ou uma troca em sentido único, mas uma verdadeira oportunidade de encontro e de partilha.

Essa corrente também tenta liberar o viajante da pressão social que se exprime pela injunção de não faltar nada. As crianças de famílias desfavorecidas que nunca foram ao mar, enquanto seus colegas nadam e chafurdam nele a cada ano, sofrem muito com essa diferença. Dinâmicas semelhantes podem subsistir de maneira mais difusa no mundo dos adultos. Com efeito, o turismo funciona hoje como um marcador social ou um fator de distinção. Nos Estados Unidos, um americano que não visitou a Europa é percebido como inculto. O mesmo vale para o Japão. Alguns pontos culturais ruem sob o turismo de massa porque são comumente admitidos como lugares que "precisam" ser vistos. Os famosos guias que listam os mil e um lugares que "precisamos" visitar antes de morrer dão um exemplo bastante concreto dessa pressão social.

Outrora, somente uma elite instruída, que tinha feito cursos de história da arte ou arquitetura, visitava lugares como a Acrópole de Atenas ou a Alhambra de Granada. Essas viagens tinham por objetivo complementar o ensino tirado dos livros. Hoje, o público visita o Louvre em massa, porque se sente obrigado a ver essas maravilhas, mas não tira necessariamente o mesmo proveito disso, nem o mesmo prazer que um letrado ou uma pessoa mais instruída. E, principalmente, esses visitantes emendam Londres, Paris, Genebra, Florença e Nápoles em alguns dias, esquecendo em sua volta onde viram o Arco do Triunfo ou *O Nascimento de Vênus* de Botticelli.

Concentrando-se na qualidade da experiência mais que em seu acúmulo, o Slow Turismo propõe uma visão descomplexada da viagem. Ele se opõe ao turismo conformista, que leva a realizar uma viagem unicamente para satisfazer uma necessidade de reconhecimento social.

O turismo lento devolve todo o seu sentido à viagem, momento de expatriação, perturbação, confrontação entre as culturas e os indivíduos e de ruptura com os hábitos. A condição de uma "vida autenticamente humana sobre a terra", como enuncia Hans Jonas.[15]

Um programa de viagem para você mesmo preparar

Como a denominação Slow Turismo não é protegida por uma organização, o termo pode cobrir realidades muito distintas de um agente de turismo ou operadora turística para outra. No caso da Visions du Monde, por exemplo, o avião é completamente banido em proveito de modos de deslocamento mais lentos, como o trem, o barco, o ônibus e a bicicleta. Em contrapartida, a operadora turística Voyageurs du Monde leva seus clientes aos quatro cantos do mundo

---

[15] Hans Jonas, *Le principe responsabilité* (Paris: Flammarion, 1998).

:: DESACELERE • OUSE DIMINUIR O RITMO E VIVA MELHOR

e não hesita em fazer uso de transporte aéreo para consegui-lo. Suas ofertas de Slow Turismo começam, assim, somente no lugar de destino. A visita à China é feita exclusivamente de trem, o qual se mostra muito lento se pensarmos em sua velocidade reduzida e nas distâncias a percorrer. De forma mais discutível, hotéis utilizam a noção de Slow Turismo unicamente porque propõem uma alimentação à base de produtos locais. É, de fato, um esforço louvável com relação aos concorrentes que servem uma comida globalizada, mas permanece sendo uma definição estreita do conceito.

Mesmo assim, se apresentamos exemplos extraídos de catálogos de operadoras de turismo, é preciso ter consciência de que o Slow Turismo constitui tanto uma filosofia quanto um conceito. Ele pode muito bem ser praticado sem a ajuda de um agente de viagens. Viajar Slow é, com efeito, uma experiência a viver por si, com seus sentidos e suas emoções. Basta aprender a se deixar levar, se deixar guiar, aceitar os encontros ao acaso, dar lugar ao imprevisto.

É uma ética pessoal da viagem, que visa viajar menos frequentemente, mas viajar melhor, por mais tempo, tentando escapar da mercantilização das viagens. É estar aberto para o mundo, atento ao seu consumo e ao seu impacto sobre o planeta. É viajar para fazer trilhas, um cruzeiro fluvial, ou mesmo, quem sabe, ficar em casa, como os adeptos americanos e ingleses do "*staycation*". Surgido durante a crise do *subprime*, esse neologismo descreve os veranistas que se contentam com pequenas aventuras de um dia em sua região de domicílio, que instalam uma piscina no jardim e aproveitam suas férias sem o estresse dos aeroportos e dos engarrafamentos.

A mobilidade lenta, em primeiro lugar a bicicleta, tem ganhado popularidade há alguns anos. A bicicleta permite circular dentro de um destino, passando noites em diferentes lugares. A caminhada, seja para dar uma volta em torno de sua casa, com o objetivo de fazer trilhas, seja uma peregrinação até Santiago de Compostela, é outra maneira de descobrir a paisagem e seus habitantes em ritmo lento.

De maneira geral, o Slow Turismo recomenda viajar fora de temporada e fazer escolhas contracorrentes para limitar os problemas espaciais e temporais de concentração, tanto pelo interesse que tem o lugar a ser visitado quanto pelo viajante que, assim, evitará as grandes multidões e as filas de espera. Evidentemente, exige-se um interesse real por uma região e não somente pelas piscinas de que ela dispõe. Aquele que entra em contato com os nativos será não apenas enriquecido pela troca, mas também terá maior consciência dos problemas do lugar, terá vontade de comer produtos locais, dará mais atenção ao consumo de água ou à política de reciclagem em vigor. Seus esforços aparentes são, na verdade, apenas um convite a andar por aí, dar-se tempo e tentar aprender um pouco mais sobre o lugar visitado.

Existe hoje, ao redor do mundo, inúmeros programas que reclamam o Slow Turismo. Eis aqui alguns exemplos representativos no âmbito de países, regiões ou cidades que permitem viver experiências originais e diferentes daquilo que se poderia encontrar nos guias turísticos habituais, com o sentimento profundo de verdadeiramente compartilhar da cultura local.

FRANÇA

Agências de viagens na internet, como a Terra Mundi, propõem sair dos itinerários já estabelecidos a fim de praticar o Slow Turismo. Essas agências dão uma visão diferente dos destinos a serem descobertos, em sintonia com o que buscam hoje os turistas adeptos da lentidão. Em pormenores, os Slow Travel propostos por suas agências respondem a cinco critérios:

» destinos muitas vezes pouco conhecidos;

» pouca distância entre as etapas;

» de preferência, hospedagem em pequenos hotéis charmosos ou nas casas de moradores locais;

» um meio de transporte internacional que faça parte integrante da viagem, de barco ou de trem;

» deslocamentos locais de bicicleta ou a pé.

Pode-se, assim, pegar uma balsa em Sète e atravessar o Mediterrâneo em 36 horas para chegar ao porto de Tanger no Marrocos. Trata-se de um trajeto doze vezes mais longo que o de avião, mas a chegada ao porto não poderia ser mais bela.

OS PIONEIROS DO PÉROLAS DOS ALPES

O programa Perles des Alpes (Pérolas dos Alpes) reúne uma rede de 27 comunas turísticas na França, Alemanha, Itália, Áustria, Suíça e Eslovênia. Essa associação tem por objetivo promover a mobilidade lenta. Todas as pequenas cidades oferecem a seus visitantes a possibilidade de chegar sem carro, utilizar os transportes coletivos locais e aproveitar a oferta de lazeres que respeitam o meio ambiente. As municipalidades das comunas-membros, entre elas Les Gets e Pralognan-la-Vanoise, na França, ou Arosa e Interlaken, na Suíça, engajam-se em respeitar dez promessas, como a promoção da cultura alpina alimentada por seus recursos naturais, paisagísticos e arquitetônicos, suas tradições e sua cozinha.

VAUCLUSE

Em Vaucluse, o Slow Turismo promete escapar dos caminhos batidos, dos circuitos já estabelecidos, afastando-se do turismo de massa. O percurso muitas vezes vale o desvio. Porque Vaucluse não é apenas Avignon ou Gordes; o viajante de hoje, adepto do turismo lento, se sentirá extremamente sensível à descoberta de locais à parte, fora dos lugares mais visados, próximos de um pequeno restaurante local, em pequenos vilarejos charmosos, tudo de bicicleta ou de canoa sobre as vias de água doce. Parece mesmo que o verdadeiro vilarejo de presépio, Brantes, poderia aspirar ao título de Cittaslow.

EM ALGUM LUGAR NA FRANÇA

Nos interiores franceses, o *glamping* faz sua aparição; uma nova forma de *camping* que consiste em acampar em instalações mais confortáveis sob árvores ao ar livre. A tendência, que representa um belo sinal de desenvolvimento para a hotelaria de luxo, se anuncia fortemente e toma a contramão dos estereótipos ligados aos campistas.

NA SUÍÇA

Há uns quinze anos, a associação Mountain Wilderness lançou um projeto de turismo lento na região do Monte Branco, em colaboração com os residentes locais, em torno de temas como "alpinismo e agricultura de montanha", "alpinismo e gestão de refúgios", "alpinismo e transporte", "alpinismo e proteção de sítios". Essas iniciativas seguem dois fios condutores: um do tipo sociológico, evocando a montanha em relação com o homem, e outro mais histórico, com a história regional por meio das vias da comunicação.

PELO CONTINENTE NORTE-AMERICANO

Há alguns anos, as autoridades locais criaram um percurso de mais de mil quilômetros entre os Estados Unidos e o Canadá. Esse paraíso dos mochileiros permite percorrer paisagens fantásticas respeitando a regra de ouro do *Leave no Trace* (não deixe nenhum rastro de sua passagem), a fim de incentivar boas práticas ambientais.

Outro percurso é o circuito pedestre que sai da Montanha Springer, no estado da Geórgia, e vai até o Monte Katahdin, no Maine. Com um comprimento de 3.500 quilômetros, esse caminho dos Apalaches segue até o Quebec e a Nova Brunswick para então encontrar o cabo Gaspé. Esse outro paraíso dos mochileiros oferece uma experiência única de Slow Turismo, também associada à campanha *Leave no Trace*.

NA AUSTRÁLIA

A ilha Stradbroke tornou-se, em 2006, a primeira "Slow Island". Essa nova denominação lhe permite captar uma clientela interessada na preservação da natureza e estimulada pelo encontro com seus habitantes. As medidas concretas se resumem, por ora, a condutores de ônibus que param no local onde os passageiros pedem...

EM IBIZA

A priori, Ibiza – para onde se dirigem, a cada verão, milhares de turistas e de festeiros que vão experimentar o hedonismo inabalável da ilha e de seus gigantescos clubes, os quais acolhem todas as estrelas da música *house* – simboliza a antítese do Slow Turismo. Contudo, como sua vizinha Maiorca, Ibiza busca diversificar seus rendimentos turísticos e propor outros tipos de divertimento a seus visitantes.

:: DESACELERE • OUSE DIMINUIR O RITMO E VIVA MELHOR

Desenvolvido pela Fundação de Promoção Turística local, um novo conceito permite conjugar repouso, turismo, esporte, cultura e bem-estar em qualquer período do ano. Os promotores dessa iniciativa a chamam de *Slowbreak*.

A filosofia da viagem

O Slow Turismo poderia ser para a viagem o mesmo que o "ficar na cama até mais tarde" representa para a semana, e certamente o que o hedonismo é para a filosofia. Na perspectiva de uma viagem bem-sucedida, o turismo lento propõe a seus partidários aproveitar plenamente o instante presente, no seio de uma natureza desconhecida, sendo animado pelo deixar-se levar e pela vontade de encontros autênticos. A perspectiva da felicidade de uma viagem se integra perfeitamente à filosofia hedonista fundada no estado de espírito sensível à estética, à ética, à psicologia, etc. Nas nossas sociedades cada vez mais desorientadas, a caça à felicidade nunca foi tão intensa. A viagem tal como é vendida simboliza para muitos a resposta a essa busca por felicidade.

Assim, por todos os meios possíveis, inúmeras são aquelas e aqueles que buscam viajar para destinos longínquos. Mas, entre a ideia abstrata da viagem tentadora e sua realização, muitas vezes existe uma distância, que se situa entre o sonho e a realidade. Não é trocando sonhos por lembranças que se alcança necessariamente a felicidade da viagem. Como o pensava sabiamente Descartes, "é melhor mudar seus desejos que a ordem do mundo e empregar nossa vida cultivando a razão".[16] O turismo de massa, por sua dimensão industrial e formatada, não responde mais à ideia que se faz de uma viagem excepcional.

Segundo Aristóteles,[17] o homem não pode se contentar apenas com prazeres físicos. Assim, uma viagem feliz deveria comportar atividades mentais mais satisfatórias como a reflexão e o conhecimento.

---

[16] Descartes, *Le discours de la méthode, 1637* (Paris: Flammarion, 2000).
[17] Aristóteles, *Éthique à Nicomaque* (Paris: Éditions Des Équateurs, 2011).

A paz, a tranquilidade, o tempo, a liberdade e a verdade representam outros critérios que buscam os aristotélicos. Chegará o dia em que se poderá ser feliz com o básico, seguindo as vias traçadas por Epicuro e mais recentemente por Michel Onfray. Como o dizia o filósofo Alain:

> O principal erro de nosso tempo é procurar em toda coisa a velocidade. Não apenas a velocidade usa as máquinas e consome energia bem mais que multiplica os produtos, o que faz ela nos empobrecer, mas também embruteça as pessoas, que serão muito em breve conduzidas, por esse trem de negócios, à estupidez diligente das abelhas.[18]

Ou para retomar as palavras de Jean Baudrillard: "A velocidade nos leva ao vazio: a velocidade é o triunfo do efeito sobre a causa, o triunfo do instante sobre o tempo como profundidade".[19]

Segundo Epicuro,[20] o que vale é viver modestamente em um jardim de paz e em segurança e, sobretudo, em nosso ritmo. De uma maneira geral, essa nova tendência de viajar *piano* prega essa filosofia do viajar melhor, de maneira ecológica, respeitando o seu tempo. O prazer torna-se então um bem soberano. Durante a viagem, a moral de vida deve estar centrada na realização de uma vida feliz e orientada para os prazeres da existência em ligação com o Outro. O que nos leva ao conceito de alteridade trazido por Emmanuel Lévinas.[21] Respeitando "o outro" que está diante de nós, sem nada lhe impor, vive-se uma experiência de viagem diferente, que mistura respeito ao próximo e aventura. Por essa razão, é preciso tomar cuidado com o que se entende por "respeito". Essa noção delicada pode se definir somente a partir do caldeirão social e cultural ao qual nos referimos. Eis porque, para além do folclore turístico apresentado, impõe-se observar um comportamento de humildade diante daquele que é diferente de si e aprender um pouco de sua linguagem, de seus códigos,

---

[18] Alain, *Propos sur le bonheur*, tomo 1 (Paris: La Pléiade, 1956).
[19] Jean Baudrillard, "L'oeil du cyclone", em número especial da revista *Nouvel Observateur*, 2001.
[20] Epicuro, *Lettres, maximes, sentences* (Paris: Livre de Poche, 1994).
[21] Emmanuel Lévinas, *Altérité et transcendance* (Paris: Livre de Poche, 2006).

caso se queira realmente reconhecê-lo como alteridade. Para John Stuart Mill, somente há harmonia e felicidade em um ambiente saudável em que se preservem os interesses de todos os seres.

Michel, um turista Slow francês com quem conversamos em Ladakh, resume muito bem essas reflexões:

> Nessa região, o turismo é necessariamente lento. É preciso viver ao ritmo dos nativos e, em especial, do sol. A fada eletricidade funciona somente algumas horas durante a noite, os encontros não poderiam ser mais profundos. Ir de um vilarejo a outro pode levar várias horas de caminhada no vale do Sham. O trajeto conta tanto, ou até mesmo mais, que o destino. Na estrada, cruzamos com outros viajantes, mas também com inúmeros trabalhadores e moradores locais que se deslocam para vender ou comprar produtos nos vilarejos vizinhos. Percorrendo as antigas estradas da montanha, compartilhamos um pedacinho de suas vidas sentindo debulhar o tempo na velocidade de um caramujo!

≡ Slow Design

Um design mais humano

Nossa equipe vai receber você calorosamente. Eles vão lhe apresentar o cardápio. Escolha sua bebida e sua comida. Você pagará no balcão e receberá uma bela toalha. Talvez precise esperar. Você pode brincar com o gato da sorte.[1] Quando chegar a sua vez, você vestirá grandes pantufas. Essas pantufas farão você caminhar lentamente e encerar o chão. Então você pegará uma cadeira contra a parede ou relaxará em uma cadeira de balanço massageando os pés. Poderá também tomar lugar em uma mesa de centro. Você poderá nivelar o seu próprio jardim zen. Leia o texto bordado. Perceba as luzes se tornarem lentamente mais brilhantes. Dobre sua toalha. Espere seu pedido. Acompanhe a preparação da comida e das bebidas. Observe os seniores que vieram de avião especialmente para a ocasião. Seu serviço é lento, mas atencioso. Olhe as pessoas no ambiente. Aprecie sua companhia. Faça amigos. Quando o garçom lhe trouxer uma toalha quente, será hora de ir embora, para dar lugar a outros visitantes. Se você pegou uma cadeira que estava pendurada na parede, agradecemos por colocá-la de volta em seu lugar. Envolva seu copo na toalha. Leve-o para casa... Aproveite.

---

[1] Maneki Neko: gato japonês em cerâmica cuja pata articulada oscila em um movimento de boas-vindas.

:: DESACELERE • OUSE DIMINUIR O RITMO E VIVA MELHOR

Esse texto introdutório acompanhava o estande *Go Slow* do coletivo e editor de design holandês Droog Design no Salão do Móvel de Milão de 2004. Nessa feira gigantesca e movimentada, onde profissionais do ramo passam de um *vernissage* a outro e emendam exposições em um ritmo frenético, *Go Slow* propunha uma pausa e incentivava o "luxo" da lentidão. O evento reunia novos produtos feitos por Droog Design e aposentados vindos especialmente da Holanda para cozinhar e servir os visitantes com calma e atenção.

Esse momento suspenso é um exemplo perfeito do Slow Design, um movimento teorizado em 2002 pelo inglês Alastair Fuad-Luke, professor da Escola de Arte de Plymouth e autor de várias obras e artigos sobre design ecológico e desenvolvimento sustentável. Derivando diretamente dos princípios do Slow Food, o Slow Design propõe uma abordagem holística do design que leva em consideração o bem-estar dos usuários, fatores sociais, o respeito ao meio ambiente, a sustentabilidade, uma sensorialidade otimizada e a contemplação. Também busca ultrapassar a reflexão sobre a funcionalidade e a novidade de um objeto, geralmente defendida em design para propor soluções que levam em conta um contexto mais amplo.

Fundado em 2003 em Nova York, o slowLab é certamente a estrutura mais ativa no campo do Slow Design. Essa organização, dirigida por Carolyn Strauss, criou uma rede internacional de pesquisadores e profissionais do design. Ela promove conferências, oficinas e seminários de discussão em torno desse conceito. Slow Food investe diretamente no design. O braço italiano do movimento, por exemplo, realizou em 2008 uma conferência intitulada "slow + design", durante a qual a questão era integrar a filosofia Slow ao design. Essa convergência leva a reflexões sobre domínios como os sistemas de distribuição ou a valorização dos recursos locais.

De maneira mais individual, vários designers aplicam alguns elementos Slow em suas abordagens criativas como a Hella Jongerius, a Droog Design ou, ainda, os franceses da 5.5 designers. Mas é sobretudo por meio de suas pesquisas de inovação social, mais do que a criação de novos produtos assinados por grandes nomes, que o Slow Design parece mais interessante e capaz de ter um impacto sobre o mundo.

SLOW DESIGN ::

Um mundo programado para a obsolescência

Feitos para durar, os aparelhos domésticos de nossas avós eram muito resistentes. Suas máquinas de lavar e seus aspiradores de pó recebidos como presente de casamento as acompanhavam até o túmulo. Em caso de pane, consertava-se. Hoje, exceto produtos de luxo, tudo é feito para ser jogado fora. Porém, algumas regiões ainda são exceção nessa tendência. Assim, ainda encontramos lojas onde se pode consertar guarda-chuva em Varsóvia! Mas, em Paris, quem não joga fora o seu guarda-chuva de 3 euros quando uma vareta se quebra?

Desde os anos 1960, a sociedade de consumo alçou o desperdício como princípio de vida. Fundamentada na moda e no marketing, ela provocou uma aceleração da obsolescência dos objetos. Não se joga mais fora um telefone celular porque ele estragou, mas porque um novo modelo mais desejável apareceu no mercado. Os industriais concebem objetos cuja vida útil é programada. Por exemplo, um computador portátil é feito para parar definitivamente de funcionar depois de um número limitado de vezes em que é ligado. O bem--estar encontra-se indexado à abundância de produtos à disposição.

O problema dessa economia baseada no consumo é que ela não tem nenhum futuro do ponto de vista ambiental. Um cidadão europeu consome o equivalente a quatro planetas em termos de recursos. A importação nas grandes potências emergentes (Brics)[2] do modelo econômico ocidental representa uma ameaça maior para o planeta. Os políticos tomaram consciência desse perigo há alguns anos. Essa sensibilização já deu lugar a inúmeras iniciativas, que vão da popularização da separação do lixo e da reciclagem ao desenvolvimento de energias verdes, passando por normas ambientais mais restritas no campo da produção.

Ao mesmo tempo, os modos de consumo evoluem rapidamente nos países ocidentais. Nós ultrapassamos o modelo canônico da sociedade de consumo. Há duas décadas, valores imateriais como

---

[2] Brasil, Rússia, Índia, China e África do Sul.

:: DESACELERE • OUSE DIMINUIR O RITMO E VIVA MELHOR

a experiência e o acesso prevalecem sobre a propriedade. O *status*, ou a distinção, não se mede mais tanto a partir da posse de objetos quanto do direito de entrada ou acesso a eventos ou serviços. Seria possível deduzir, então, que o sistema de produção evolui em uma direção mais favorável ao meio ambiente.

Infelizmente, como salienta Ezio Manzini, professor do Politecnico di Milano e um dos principais especialistas em design sustentável, a conscientização ambiental e a mudança de comportamento de consumo têm efeitos perversos.

> Quando não observamos mais a qualidade ambiental individual de cada produto, mas consideramos o sistema em seu conjunto, percebemos que a situação não melhorou em nada e que o consumo global dos recursos ambientais continua a crescer.[3]

Esse designer e professor do Politecnico di Milano traz vários exemplos desse paradoxo atual.

A miniaturização dos produtos faz deles mercadorias descartáveis, que têm por essa razão tendência a se proliferar. As interfaces de sociabilidade, como a internet, facilitam a realização de certas atividades antes tediosas ou difíceis, o que favorece o aumento dessas tarefas. Nunca foi tão simples imprimir documentos desde a invenção do computador. Para cada documento escrito, imprimem-se inúmeras versões. O sistema de consumo permite conectar pessoas sem fazê-las se deslocar, mas, ao mesmo tempo, nunca foi tão necessário se deslocar como hoje.[4]

Assim, cada progresso tecnológico, que supostamente deveria trazer uma vantagem ecológica, acarreta ao mesmo tempo um leque de novas práticas que pesam sobre nosso balanço ambiental. Em vez de gerar modos de consumo mais sustentáveis, inúmeros produtos aumentam a nocividade do sistema.

A mudança de paradigma de uma sociedade de consumo para uma sociedade de experiência não aliviou mais o planeta.

---

[3] Ezio Manzini, *Scenarios of Sustainable Ways of Living* (Milão: Politecnico, 2007).
[4] *Ibidem.*

SLOW DESIGN ::

Certamente, o bem-estar não se mede mais pelo tamanho do cesto que se enche. Em uma sociedade nômade que valoriza a velocidade e a flexibilidade, a propriedade de mercadorias aparece mesmo como um peso, uma forma de obstáculo à liberdade. Mas, mesmo se essa visão desfaz a ligação causal entre bem-estar e consumo de recursos, na prática, ela se revela ainda mais nociva para o meio ambiente que a visão anterior baseada no produto onipresente, como observa Ezio Manzini:

> As novas necessidades intangíveis tendem a se somar às antigas necessidades materiais no lugar de substitui-las. A velocidade e a flexibilidade de novos modos de vida implicam a mesma velocidade e flexibilidade no acesso aos serviços, que, por essa razão, proliferam. Se, em si, os serviços e as experiências podem ser imateriais, sua distribuição se revela, em contrapartida, da mais alta materialidade.[5]

Para esse autor, nós nos afundamos nesse círculo vicioso por duas razões principais. Por um lado, nós tendemos a depreciar os bens coletivos como a água, o ar ou a paisagem. Não se considera mais o bem-estar à luz desses produtos comuns, mas de produtos a se adquirir individualmente. Essa subestimação do papel dos bens coletivos levou à sua degenerescência e à substituição por produtos de consumo. Compra-se água em garrafa no supermercado, porque a água do rio está poluída ou se imagina inconsumível. Instala-se um sistema de alarme em casa, porque se perdeu o senso de vizinhança.

Por outro lado, o homem moderno perdeu o sentido de contemplação. Enquanto se poderia olhar o pôr do sol, caminhar, falar, criar, ele preenche sua vida com mercadorias e experiências. Por muito tempo privilégio exclusivo do rico, que podia se permitir fazer nada, a contemplação foi substituída pela saturação.

Nessa configuração, as mercadorias se apresentam, ao mesmo tempo, como agentes corruptores e paliativos. Cortando o homem dos bens coletivos e do tempo contemplativo, "elas tentam tornar

---

[5] *Ibidem.*

aceitável um contexto de vida que se deteriorou pesadamente". Assim, mais do que abrir novas possibilidade, as mercadorias apenas corrigem e tornam tolerável um contexto de vida que se degrada.

Da televisão que se torna uma fresta para o mundo às pessoas sem laços sociais e ao *junk food* regressivo que permite compensar uma falta afetiva, passando pelas viagens ao outro lado do mundo em busca de um paraíso que não existe mais nas proximidades, e que, aliás, nunca existiu realmente em parte alguma – *et in Arcadia ego* é algo supravirtual –, essa dimensão terapêutica do consumo se lê no menor de nossos atos. A cultura do divertimento e do consumo remedia a perda de valores enquanto desempenha um papel agravante. Assim, no lugar de se neutralizarem, as forças tendem a se reforçar: mais consumo induzindo ainda mais degradação do contexto de vida e, logo, mais consumo de mercadorias ansiolíticas ou compensadoras.

Com base nessa constatação, o Slow Design estima que um verdadeiro design sustentável só pode ser concebido considerando diversos fatores. A exemplo do Slow Food, seus principais teóricos desenvolvem uma visão holística da disciplina. Os roteiros e os princípios que o Slow Design coloca em circulação ultrapassam imperativos tradicionais do design que prega a qualidade do produto, sua ergonomia, sua funcionalidade ou sua eficácia. O Slow Design considera em primeiro lugar variantes ecológicas, sociais e filosóficas para tentar promover um design verdadeiramente sustentável, ou seja, capaz de romper o círculo vicioso das mercadorias consumíveis destinadas simplesmente a corrigir a perda de valor dos bens comuns como a água, o ar ou a natureza e a perda do tempo contemplativo.

Os princípios de um design contemplativo

Nascidos da colaboração entre Alastair Fuad-Luke e da rede de pesquisadores e designers do slowLab, os seis princípios do Slow

Design são definidos em um artigo redigido por Carolyn Strauss e Alastair Fuad-Luke em 2008:

> Revelar: o Slow Design tem por objetivo revelar os espaços e as experiências da vida cotidiana que muitas vezes são ignorados ou esquecidos [...].
>
> Ampliar: o Slow Design considera a verdadeira expressão de artefatos e de ambiente para além de sua funcionalidade, de seus atributos físicos e de sua vida útil.
>
> Refletir: os artefatos e os ambientes no design slow induzem à contemplação e ao consumo consciente.
>
> Engajar: os processos de produção Slow são abertos e colaborativos [...].
>
> Participar: o Slow Design incentiva as pessoas a se tornarem participantes ativos no processo de criação [...].
>
> Evoluir: o Slow Design reconhece que as experiências mais ricas emergem da maturação dinâmica de artefatos e de ambientes ao longo do tempo [...].[6]

Os dois autores advertem que a noção de Slow Design está sujeita à discussão. Eles não consideram a lista de pontos defendidos em seu artigo como um manifesto inabalável e exaustivo. Esses elementos têm por vocação oferecer um quadro de reflexão aos designers interessados nessa abordagem do design.

Os ensinamentos de uma garrafa de leite

Em 2008, Alastair Fuad-Luke testou os princípios do Slow Design em um ateliê de pesquisa na Universidade de Falmouth, na Cornualha. O ateliê reunia nove jovens designers, a quem ele propôs

---

[6] Carolyn Strauss & Alastair Fuad-Luke, "The Slow Design Principles", disponível em www.slowlab.net.

:: DESACELERE • OUSE DIMINUIR O RITMO E VIVA MELHOR

discutir as noções que teorizou e depois tentar aplicá-las à renovação de um objeto típico do cotidiano: uma garrafa de leite.

Divididos em três grupos de trabalho, os jovens designers propuseram uma série de novas maneiras de conceber a garrafa. Entre as inúmeras ideias, pode-se citar aquela que deu à garrafa uma forma que lembra uma teta de vaca, ilustrando o princípio do Slow Design, o qual consiste em melhor revelar a natureza do produto. A fim de diversificar o uso da garrafa, os participantes imaginaram acrescentar uma etiqueta que desse dicas para sua reutilização de outras maneiras. Outros propuseram acrescentar gradações para fazer dela um utensílio de cozinha. Um grupo pensou em uma fabricação diferente, que separa os componentes plásticos para facilitar sua reciclagem.

Quando fizeram a síntese dos resultados, os participantes desenvolveram um novo conceito batizado Milkota, que incluía uma reflexão sobre pontos de venda que integrariam um sistema de refrigeração passivo: um reservatório em terracota que funcionaria com um recipiente de água fria. Esse sistema, na sequência, poderia ser comprado por agricultores, cooperativas leiteiras ou lojas para escoar leite orgânico local. Feitas com um plástico mais duro, as garrafas seriam laváveis, reutilizáveis e recicláveis. Componentes destacáveis com códigos coloridos indicando a natureza saudável do produto fariam delas um elemento distintivo e icônico na casa.

Por este estudo de caso, os participantes imaginaram um roteiro que apresenta uma série de melhorias em termos de eficácia ecológica, comércio de bairro, identidade local e reciclagem, pensando em um objeto desejável e conferindo uma espécie de *status* a seus compradores, os quais, desse modo, assinalam que apoiam as redes locais e orgânicas.

O projeto *Sustainable Everyday*

O compartilhamento de veículos sob demanda, ateliês compartilhados de costura ou um sistema de microlocação de

SLOW DESIGN ::

ferramentas entre vizinhos são algumas das ideias reunidas pelo projeto *Sustainable Everyday: Scenarios of Urban Life*, de Ezio Manzini, professor do Politecnico di Milano, e de François Jégou, da Escola Nacional Superior de Criação Industrial (ENSCI), em Paris, que deu lugar a um livro e a uma exposição em 2003. Desde o lançamento da obra, uma grande parte das inovações sociais reunidas pelo programa de pesquisa desenvolvido pelos dois professores se aplica naturalmente na prática. O objetivo recorrente dos roteiros discutidos por *Sustainable Everyday* é promover um modo de vida sustentável, modificando nossa relação com a propriedade e valorizando a assistência mútua, a partilha e a colaboração por uma série de atividades cotidianas. Os pesquisadores refletiram sobre as maneiras de satisfazer nosso desejo de bem-estar material limitando o impacto sobre o meio ambiente e fortalecendo os contatos sociais. Nesse novo modo de conceber o consumo de serviços, o papel do designer consiste em imaginar novas redes de indivíduos, empresas e associações, tanto locais quanto globais, para implementar soluções sustentáveis.

Os Slow designers franceses

Facilmente colocamos na categoria Slow Design o coletivo francês 5.5 designers. Vincent Baranger, Jean-Sébastien Blanc, Anthony Lebossé, David Lebreton e Claire Renard ficaram conhecidos desde o início do movimento por uma operação que se inscreve claramente nessa filosofia, mesmo que eles mesmos não se sirvam diretamente do rótulo. O quinteto realizou em 2003 a exposição *Réanim* em Nîmes, organizada em parceria com o Secours Populaire Français.* Os 5.5 apresentaram cerca de trinta móveis danificados, quebrados ou rasgados que eles se empenharam em cuidar. Mas, em vez de restaurar de modo idêntico os banquinhos sem pé ou as poltronas de braços amputados, os designers acrescentaram próteses ou curativos de cor verde, claramente visíveis. Longe de ser inestéticas,

---

* Secours Populaire Français é uma associação sem fins lucrativos que luta contra a pobreza e a exclusão na França e no mundo. (N. T.)

as cicatrizes dão uma nova vida a objetos antiquados e quebrados. Os designers comparam sua atividade à da cirurgia de objetos. Mais do que vender esses móveis a preços de ouro em lojas conceito, eles preferiram editar um *kit* de enxerto e sutura com barbantes verdes, próteses de camadas e assentos e muletas para pés mancos. O objetivo da operação era ao mesmo tempo mudar o curso das práticas de sua profissão orientada para a novidade e despertar a vontade nas pessoas de salvar seus móveis.

O mercado do Slow Design

Já há alguns anos, inúmeros designers se lançam em projetos que misturam reflexão ecológica, reciclagem e ética. Podemos citar entre eles os irmãos Campana, militantes ecologistas convictos que trabalham regularmente com artesãos de países em desenvolvimento. Um exemplo de sua prática, a poltrona Favela – editada em 2003 pela marca Edra – era composta por pedaços de madeira idênticos àqueles empregados pelos moradores das favelas na construção de seus barracos. Foram os artesãos oriundos dessas localidades pobres que fabricaram as cadeiras.

Ativo há vinte anos, o holandês Piet Hein Eek privilegia móveis imperfeitos, com uma sensibilidade e uma história, os quais ele fabrica, sobretudo, a partir de madeiras reaproveitadas.

Outra figura do design que se aproxima do Slow Design é a holandesa Hella Jongerius, que muitas vezes inclui o artesanato, o feito à mão, nas técnicas modernas. Por exemplo, ela fabricou tigelas misturando fragmentos de vasos medievais tirados de escavações arqueológicas à porcelana contemporânea.

Aos riscos do reaproveitamento

A denominação Slow Design sofre hoje por ser completamente desvirtuada. Nas revistas de decoração e em blogues de design, associa-se a ela uma nova tendência que se resume a objetos à base de materiais pobres, geralmente peças únicas, vendidas supercaro a clientes que procuram dar um aspecto "autêntico" ao seu mobiliário interior burguês.

Se a reciclagem e o artesanato são estratégias importantes do Slow Design, este leva a uma reflexão muito mais profunda que a visão simplista difundida pelas revistas de decoração. Sua filosofia defende, na verdade, uma visão sistemática que tem por objetivo fazer emergir uma sociedade verdadeiramente sustentável por meio da modificação de nossos modos de consumir e da criação de uma dinâmica social menos individual.

Para escapar de uma definição caricatural, alguns de seus apóstolos, como Giacomo Mojoli, que também faz parte do movimento Slow Food da Itália, privilegiam a designação slow + design, que ilumina a ligação entre a filosofia Slow herdada do Slow Food e a disciplina do design. Por ora, essencialmente objeto de pesquisa, o Slow Design encontra dificuldades em se fazer compreender pelo grande público, talvez por causa da própria noção de design, em plena evolução. Há algumas décadas, o design se impôs como uma disciplina onisciente e os designers como demiurgos cuja criatividade serve para pensar novos modos de comunicação e de relações entre os indivíduos. O Slow Design demonstra essa acepção contemporânea do design não somente como a capacidade de dar forma a um objeto, mas de imaginar novas maneiras de organização social mais harmoniosas e benéficas para o nosso meio ambiente.

≣ Slow Arquitetura

As construções como livros de história

A tendência Slow em arquitetura não foi objeto de muitas pesquisas e permanece relativamente discreta, mesmo que o termo se encontre cada vez com mais frequência nos comentários sobre o assunto. Ela pode igualmente recobrir realidades bastante diferentes de um arquiteto ou de um projeto a outro. Para defini-la, em linhas gerais, pode-se dizer que aqueles que a reclamam são particularmente sensíveis à questão do contexto no qual inscrevem suas construções. Eles militam por uma arquitetura sustentável, não apenas em termos ambientais, mas também sociais e éticos, por uma perenidade da forma, dos materiais e da função.

A figura mais conhecida dessa tendência é o arquiteto chinês Wang Shu, laureado pelo Prêmio Pritzker 2012, o equivalente em arquitetura ao Prêmio Nobel. Esse arquiteto desenvolveu a teoria do Slow Build, em contradição ao ritmo frenético da construção em seu país, conhecido por suas *instant cities*, cidades-cogumelos que surgem do nada em alguns meses. Misturando a cultura tradicional a formas resolutamente contemporâneas, Wang Shu reaproveitou, por exemplo, materiais de antigos bairros demolidos para fazer o novo *campus* da Universidade de Belas Artes de Hangzhou. A história e o patrimônio se inscrevem então diretamente na fachada ornamentada do edifício, semelhante a uma tela abstrata. Expressando-se como um poeta, Wang Shu defende o valor da "contemplação", "a surpresa

:: DESACELERE • OUSE DIMINUIR O RITMO E VIVA MELHOR

diante de materiais naturais", mas também uma relação de proximidade com seus operários ou, ainda, uma preocupação com o detalhe quase pictural em suas construções. Esses princípios dão origem a construções que reverberam uma forte emoção.

O mesmo vale para outro vencedor do Prêmio Pritzker, o português Eduardo Souto de Moura, alcunhado do qualificativo Slow por um dos membros do júri da instituição, a crítica Karen Stein. "Sua arquitetura deve ser olhada com uma certa dose de atenção. Acho que é o que se define como Slow Arquitetura. Realmente, é preciso dar-se tempo para observar todos os elementos um a um para apreender sua força."[1] Entre as realizações mais conhecidas do mestre, pode-se citar o estádio de Braga, que tem uma de suas tribunas abraçando e se apoiando sobre o flanco de uma colina granítica, integrando-se, assim, perfeitamente à paisagem. Sua outra característica é a cobertura do terreno formada por uma série de cabos que se estendem entre as tribunas. A trama retoma a imagem de uma escultura arcaica, a arquitetura tendo se inspirado em antigas pontes incas feitas de corda no Peru.

Na Itália, o escritório de arquitetura Frigerio Design Group engaja-se explicitamente na via Slow, defendendo uma abordagem holística da arquitetura. Seu fundador, Enrico Frigerio, escreveu uma obra[2] na qual detalha sua prática. Esta se funda em uma análise aprofundada do contexto, uma integração exemplar dos clientes no processo de decisão e, de maneira geral, intensas reflexões sobre as origens do projeto. Entre as realizações em curso do escritório, há um prédio público na Geórgia. O edifício será ventilado graças às condições bioclimáticas do local que possui fontes termais e grutas. A entrada do prédio será concebida como uma cripta. Um projeto que, portanto, se apoia ao máximo nas propriedades existentes, adapta-se a elas e evita violentá-las. "As construções do Frigerio Design Group chamam a atenção e são apreciadas por seu equilíbrio e senso de medida. Sua elegância discreta faz deles protagonistas impalpáveis dos

---

[1] *The New York Times*, 28 de março de 2011.
[2] Enrico Frigerio, *Slow Architecture for Living* (Milão: Skira, 2005).

SLOW ARQUITETURA ::

espaços nos quais as construções se inscrevem", analisa o curador Marco Brizzi em *Slow Architecture for Living*.

Assim, a Slow Arquitetura deve ser compreendida como uma prática arquitetônica particularmente cuidadosa com seu impacto. Ela transmite a ideia de que a disciplina deve ter uma alta consciência cívica e os recursos que ela aplica devem ser rigorosamente calculados.

Os arquitetos holandeses Herman Nijholt, Bauke Tuinstra e Doeke van Wieren tentaram reunir algumas regras de conduta em seu website.[3] Sua abordagem visa banir a padronização. As construções devem possuir um caráter único e se possível regional. Ademais, a arquitetura deveria partir da ideia de que um edifício, mesmo privado, deve oferecer uma mais-valia à sociedade. Trata-se de, portanto, antes de empreender uma construção, determinar se ela se justifica plenamente. Caso contrário, a renovação – considerada não como um meio de fixar o passado, mas de projetá-lo no futuro – deve ser priorizada. Enfim, o arquiteto deve estar consciente de que não é o construtor, mas, sim, a construção que sobrevive ao tempo – tanto é assim que utiliza materiais perenes.

Esse engajamento social da arquitetura ganhou certo impulso nesses últimos anos. Depois das décadas do pós-guerra marcadas pelo emprego de materiais de má qualidade ou perigosos, como o amianto, a realização de bairros de cidades de ideologia modernista deturpada por cortes orçamentários ou, ainda, a criação de pavilhões de periferia pré-fabricados que provocaram desastres sociais, urbanísticos ou ambientais, a reflexão atual tomou um rumo nitidamente mais sensato. Nesse sentido, a Slow Arquitetura poderia representar a cabeça de ponte mais virtuosa de uma arquitetura na qual a assinatura do construtor não se lê mais necessariamente no efeito do estilo, mas na qualidade global da construção, em suas características atemporais e nos benefícios que ele traz a seu contexto direto e regional.

---

[3]   Disponível em www.slow-architecture.com.

≡ Slow Book

BEST-SELLERS: ROLOS COMPRESSORES DA DIVERSIDADE LITERÁRIA

O Slow Book não defende uma leitura mais lenta, como se poderia esperar dele. Até prova do contrário, à exceção talvez dos estudantes e dos críticos literários habituados a ler em diagonal, não se observou um aumento do ritmo de leitura nesses últimos anos. Os militantes desse movimento preocupam-se com a evolução de como as obras são colocadas à venda. Eles acreditam que o setor do livro sofre uma formatação global que força a produzir unicamente *best-sellers*.

As livrarias que dependem dos grandes distribuidores venderiam consequentemente livros "prontos para pensar"* que homogeneízam os gostos dos leitores. Seguindo a receita do cinema em que os filmes ficam em cartaz por uma ou duas semanas antes de dar lugar a outros lançamentos, a duração da vida de um livro em livraria teria também diminuído significativamente. Essa redução do período de comercialização seria, sobretudo, prejudicial às obras que não se beneficiam de uma ampla cobertura midiática, ou que parecem mais complexas ou demasiado vanguardistas. A rotatividade primaria, portanto, por uma insistência sobre a qualidade dos escritos.

Esses críticos do mercado do livro constatam que uma obra ruim, mas com uma boa divulgação, tem claramente mais chances de alcançar o público que uma boa obra mal distribuída ou que não

---

* No original, "prêts à penser" faz um trocadilho com a expressão "prêt à porter", referente aos produtos "prontos para uso". (N. T.)

:: DESACELERE • OUSE DIMINUIR O RITMO E VIVA MELHOR

recebe destaque por tempo suficiente. O tempo de convencimento teria se contraído de modo expressivo, em proveito de livros mais facilmente abordáveis.

Nessas condições, os leitores têm como única alternativa se submeter às modas do momento.

Outro aspecto que preocupa os defensores de um mercado do livro menos efêmero: a perda de audiência dos autores regionais. A rarefação das livrarias de bairro ou de pequenas cidades estaria na origem desse fenômeno. As grandes redes têm o poder de "vida e de morte" sobre os livros com alto potencial comercial e impõem em toda parte o mesmo tipo de literatura de autores globalizados.

O desenvolvimento das redes decretou o fim de inúmeras livrarias independentes. As encomendas de livros na internet terminaram de desestabilizar o mercado. Nos Estados Unidos, estima-se que quinhentas livrarias autônomas fecharam suas portas desde 2002. Borders, um dos gigantes do setor, faliu provocando o fechamento de mais de seiscentas sucursais em todo o país. Na Grécia, foi toda a cadeia editorial que afundou com a crise. Inúmeras livrarias fecharam, provocando a falência de editoras renomadas. Na França, o setor das livrarias permanece forte, mas a alta dos aluguéis no centro da cidade e a forte concorrência da venda *on-line* reduzem a rentabilidade desses comércios. Diante da força de combate de um distribuidor globalizado como a Amazon, que dita condições de entrega às vezes insustentáveis para os pequenos editores, a implementação de um portal alternativo fracassou. Entretanto, longe de ser um obstáculo à diversidade, a internet e o livro eletrônico poderiam constituir formidáveis ferramentas para assegurar a diversidade do setor.

Felizmente, existem ainda inúmeras editoras independentes que fazem o trabalho de desbravadores e de filtro para permitir às pepitas de ouro emergir e encontrar seu público. Na França, há, por exemplo, as edições Tristram, cujo nome vem da obra-prima de Laurence Sterne, *Tristram Shandy*, livro extremamente essencial que não teve direito a uma tradução adequada em francês antes de a editora da comuna de Auch (Gers) lançá-lo. O ritmo na literatura claramente não é o do comércio a curto prazo. Raymond Roussel ou Marcel Proust puderam publicar seus livros, que depois se tornaram clássicos, somente às custas dos seus próprios bolsos. Um livro incompreensível para uma época pode se revelar essencial décadas mais tarde. É preciso lhe deixar a possibilidade de desabrochar e alcançar leitores.

Classificações qualitativas

O movimento Slow Book nasceu na primavera de 2009, na Itália. Alberto Casadei, Andrea Cortellessa e Guido Mazzoni, três transalpinos apaixonados por literatura, são os fundadores dessa nova comunidade Slow. Ela se apresenta sob a forma de uma rede de livrarias autônomas dotadas de uma casa-mãe *on-line* batizada de Slowbookfarm. Esta loja virtual vende uma grande variedade de livros selecionados por seus criadores, os quais acreditam que eles merecem ser salvos da trituração. A Slowbookfarm se singulariza por sua classificação qualitativa em oposição às costumeiras listas de *best-sellers* quantitativas empregadas no setor.

Para estabelecer essa classificação, a livraria colabora com o famoso festival de literatura Pordenonelegge,[1] que acontece a cada outono em Pordenone, perto de Veneza. O Pordenonelegge-Dedalus transmite ao público suas escolhas por intermédio de um júri que reúne escritores, críticos, filósofos, artistas e preparadores de originais. Os livros que figuram nessas classificações qualitativas são colocados na sequência à venda no site Slowbookfarm e nas estantes das livrarias italianas *on-line* da rede.

Na linhagem do movimento Slow Food, embora ainda muito pouco representativa, a comunidade Slow Book gradativamente se impõe lembrando que o "livro não é um bem de consumo como os outros". Assim como no Slow Food, podemos ir mais adiante e dizer que os bons livros são como a boa comida, que se saboreia lentamente.

Yves Pagès, diretor das edições Verticales, o lembra muito claramente: "Ler é uma atividade lenta, não rentável, que deveria escapar

---

[1] Acessar www.pordenonelegge.it.

das lógicas de velocidade e de produção atuais. Os leitores devem dar uma chance aos atores independentes, que representam o futuro da literatura".[2]

Com o mesmo espírito, a comunidade Slow Book indigna-se e organiza-se para lutar contra as correntes dominantes sobre o mercado do livro. Ela lembra que não se pode selar o destino de um livro apenas algumas semanas depois de seu lançamento. As *"fast librairies"* e os supermercados podem talvez garantir um volume de negócios, mas não podem oferecer uma duração de vida aos livros e aos autores. É por isso que Slow Book luta para devolver tempo e espaço aos livros, em um número maior de pontos de venda. Todo mundo ganhará com isso, principalmente o leitor, cujo livre-arbítrio será reforçado.

Livreiros apaixonados

Diante dos supermercados e das grandes redes de livrarias, que colocam pilhas de *best-sellers* em lugares de destaque em suas lojas, a comunidade Slow Book tenta sustentar a qualidade e a duração de vida dos escritos. Em um setor cada vez mais tenso e submisso a importantes evoluções, o Slow Book reafirma que o valor de um livro não se deve unicamente à publicidade que se faz dele. Seus partidários buscam, assim, criar um mercado alternativo com base em outros critérios que não os números de vendas e os argumentos de marketing. O objetivo é não dar razão a imperativos econômicos ao lado dos Marcel Proust ou James Joyce de hoje.

O Slow Book tenta envolver progressivamente as editoras e ainda mais as livrarias independentes. O fim almejado consiste em alertar sobre as realidades econômicas que subentendem os prazos de comercialização.

---

[2]   Yves Pagès *apud* Adrian de San Isidoro, "Amazon dicte sa loi et asphyxie les petits éditeurs", disponível em http://rue89.nouvelobs.com/rue89-culture/2012/09/14/amazon-dicte-sa--loi-et-asphyxie-les-petits-editeurs-235230, setembro de 2012.

Uma fazenda de livros

A Slowbookfarm se apresenta como uma incubadora de livros lentos. A plataforma propõe um amplo leque de obras que merecem, segundo o júri, ser "salvas". Essa seleção de obras pode também servir para outras livrarias autônomas e ávidas por descobertas a serem divulgadas mais amplamente. Sobre a composição desse famoso júri, Andrea Cortellessa, um dos três criadores da corrente Slow Book, declarou:

> Criticaram-nos porque o júri era composto, em sua maioria, por autores que poderiam ser tentados a votar neles mesmos. Mas nós cuidamos para que não haja conflitos de interesse. Aliás, eu defendo o fato de que os escritores possam julgar seus colegas [...]. Nossa classificação é um antídoto ao *top ten* dos mais vendidos, que raramente concerne às obras de qualidade. Hoje, os títulos que se tornam *best-sellers* são apresentados como "fenômenos", antes mesmo de seu lançamento. Pode-se dizer sobre alguns deles que são fabricados em laboratório. E tudo isso não tem muita coisa a ver com a boa literatura.[3]

A respeito dos circuitos de distribuição de livros, Andrea Cortellessa continua sua análise crítica declarando:

> Eu acho antipedagógico que as livrarias das grandes redes apresentem em pilha, perto da entrada, os dez livros mais vendidos. É um convite ao conformismo, à homogeneização. É por isso que nossa colaboração com as livrarias, seja a Coop, seja a Slowbookfarm, tem um belo resultado. Esperamos que outros pontos de venda tomem logo a iniciativa de destacar títulos não somente porque figuram na classificação dos mais vendidos, mas em razão de sua qualidade.

---

[3] "Le Slow Book part en guerre contre le best-seller", em *Courrier International*, 19 de fevereiro de 2010. Disponível em http://www.courrierinternational.com/article/2010/02/19/le-slow-book-part-en-guerre-contre-le-best-seller.

Outras iniciativas que desapareceram ou que estão em projeto

Rezolibre é uma iniciativa que prefigurou o Slow Book no mundo francófono. Fundado em 2006, esse portal que se pretendia "livre de toda pressão comercial" infelizmente não resistiu às leis do mercado e teve de fechar alguns meses mais tarde por falta de vendas suficientes. Tratava-se, contudo, de uma utopia digna de ser mencionada: reunindo 65 editores independentes e fornecendo críticas a fim de permitir ao leitor fazer suas escolhas, essa Amazon alternativa dispunha de cerca de 3 mil títulos geralmente não encontráveis na maioria das livrarias.

Outras redes tentam hoje federar as forças independentes no campo da literatura. Este é o caso da Lekti-Ecriture,[4] um "espaço da edição independente". Nesta plataforma, e agora também livraria *on-line*, é possível acompanhar toda a atualidade editorial de dezenas de editoras muitas vezes desconhecidas do grande público e consultar algumas obras em formato digital.

---

[4] Acessar www.lekti-ecriture.com.

≡ Slow Media

A crise da imprensa

Nós estamos mergulhados hoje no que Zygmunt Bauman chama de "modernidade líquida". Essa expressão do sociólogo polonês que tanto fez sucesso aplica-se plenamente ao mundo midiático, o qual gerencia um fluxo de informações, por vezes contraditórias, por meio de uma massa quase infinita de suportes e de telas onipresentes. Esse funcionamento ininterrupto da produção midiática tem por consequência privar o público do tempo necessário à reflexão. Diante da atualidade em contínuo, as ideias não têm mais o tempo de se formar, as opiniões se confundem. O escoamento de informações se reduz, então, ao puro divertimento que alimenta o nada da sociedade do espetáculo. Para além do efeito de distração imediata, essa torrente inesgotável conduz a um profundo embrutecimento e a uma forma de alienação.

Para lutar contra a indigestão de solicitações midiáticas, um coletivo de cidadãos e de profissionais canadenses e americanos ativos em diferentes mídias (imprensa, rádio, tevê, internet) reuniu-se sob a égide de Slow Media. Esse coletivo estima que é indispensável fazer a experiência da lentidão para reencontrar o controle de nossos espíritos. A Slow Media convida a consumir tranquila e qualitativamente mídias originais, à imagem dos produtos defendidos pelo Slow Food no campo alimentar.

A Slow Media vê nas novas tecnologias a causa principal da aceleração dos fluxos midiáticos. A internet e os telefones celulares incontestavelmente fizeram ir pelos ares as barreiras temporais. Os fatos são relatados em tempo real, tornando obsoleto a noção de tratamento da informação. Os jornalistas devem trabalhar *just in time*. O modelo econômico ainda pouco rentável da internet fragilizou os grupos de imprensa. Os efetivos das redações se reduziram. Os profissionais das mídias devem, por conseguinte, trabalhar mais rápido para satisfazer às exigências das novas mídias, dispondo de menos meios e em condições deterioradas. A internet também banalizou o modelo da gratuidade da informação, hoje empregada por jornais de papel, entre os quais alguns disponibilizam uma informação *"fast"*, às vezes *"cheap"*, e na maioria das vezes sem sabor. Alguns jornais gratuitos se apresentam como equivalentes do McDonald's na imprensa: formatos padronizados, correspondentes quase industriais com uma dose de cultura *pop*. Um conteúdo de fácil digestão, mas pouco satisfatório para um público exigente.

Novas mídias cronofágicas

A pesquisa sobre o tempo livre na França desenvolvida por Layla Ricroch e Benoît Roumier[1] mostra que as telas dominam globalmente o tempo dedicado ao lazer, com cerca de 5 horas de "prática". Observa-se que a televisão continua sendo o passatempo favorito dos franceses, com mais de 2h30 de visualização por dia em média. Se por um lado, as donas de casa veem mais televisão hoje que há dez anos, por outro, os jovens com menos de 25 anos a abandonam pela internet. O tempo consagrado à navegação dobrou desde 1999 e esses estudos destacam o fato de que esse tempo no computador, no cotidiano, pela primeira vez ultrapassou aquele dedicado à leitura sobre papel (livros, imprensa), que diminuiu em um terço desde 1986.

A Slow Media propõe alternativas a essas práticas midiáticas devoradoras sem, contudo, pretender ser o apologista do bom e velho passado. O movimento não se opõe à tecnologia, mas aos usos que se faz dela e ao ritmo que ela impõe. Os promotores dessa corrente

---

[1] *Insee Première*, "Division Conditions de vie des ménages", nº 1.377, novembro de 2011.

SLOW MEDIA ::

convidam a uma espécie de reaprendizado da capacidade de concentração a fim de limitar os comportamentos compulsivos ou o *multitasking* ligados às mídias. Eles defendem mídias menos cronofágicas, mais bem desenvolvidas e melhor adaptadas às nossas verdadeiras necessidades. Idealmente, os conteúdos dessas mídias deveriam ser mais aprofundados, inovadores e criativos.

O manifesto da Slow Media[2]

Lançado em janeiro de 2010, o manifesto da Slow Media, elaborado por jornalistas alemães, defende uma utilização mais pensada das mídias por uma abordagem menos quantitativa e mais qualitativa. Ele descreve em quatorze pontos o conceito de Slow Media:

1. Os Slow Media contribuem para a sustentabilidade.

2. Os Slow Media promovem o *monotasking*.

3. Os Slow Media buscam a perfeição.

4. Os Slow Media tornam a qualidade palpável.

5. Os Slow Media incentivam os prosumidores ou *prosumers*: as pessoas que determinam ativamente o que elas querem produzir e consumir, e como.

6. Os Slow Media são discursivos e dialógicos.

7. Os Slow Media são mídias sociais.

8. Os Slow Media respeitam seus usuários.

9. Os Slow Media são divulgados por recomendação, não por publicidade.

10. Os Slow Media são atemporais.

11. Os Slow Media têm uma aura.

12. Os Slow Media são progressistas, e não reacionários.

---

[2] Cf. versão integral do manifesto, original em inglês, disponível em http://en.slow-media. net/manifesto.

13. Os Slow Media focam na qualidade, tanto na produção quanto na recepção dos conteúdos midiáticos.

14. Os Slow Media buscam a confiança e precisam de tempo para se tornar críveis.

A moderação como mãe das virtudes midiáticas

A Slow Media se levanta contra os abusos das tecnologias em nossas vidas. Julgadas indispensáveis, elas provocam comportamentos aditivos, rompem os laços diretos com o outro e limitam as capacidades cognitivas e de concentração. Nossos pensamentos não podem mais seguir uma linha, porque as solicitações midiáticas intempestivas provocam interrupções.

Assim, a Slow Media defende a consulta de uma única mídia por vez, para a qual dedica-se toda a atenção que ela merece; a suspensão da concentração sobre uma tarefa aumentando o tempo de latência, isto é, de recuperação entre a interrupção e a retomada de uma atividade. Essa constatação de degradação das capacidades de concentração pode ser verificada evidentemente em situações de espera de maior ou menor ansiedade (chamadas telefônicas, e-mails, etc.).

A Slow Media também milita contra a tendência de divulgar conteúdos *cheap,* que são rapidamente consumidos, rapidamente esquecidos e não satisfazem às exigências de tratamento da informação que temos o direito de esperar dos profissionais do setor. Depois de vários anos marcados tanto pela exploração das mídias de informação quanto pelo empobrecimento de seu conteúdo, a necessidade de um trabalho jornalístico que manifeste um recuo com relação ao fato, e não uma reação emocional imediata ou da ordem do copiar e colar, mostra-se necessária. Definitivamente é contra as tendências de desconto ou *low cost* da imprensa e das outras mídias que o movimento luta e reclama uma alternativa mais substancial.

A Slow Media também convida a tomar distância com relação ao uso por vezes imoderado e fútil que se faz das mídias, que se

SLOW MEDIA ::

tornaram cada vez mais intrusas e nos tomam mais tempo. Trata-se de consultá-las com a distância crítica e a disponibilidade de espírito adequada, a fim de que elas nos enriqueçam, em vez de nos devorar.

Mesmo que se possa imputar às novas tecnologias uma boa parte das evoluções negativas ligadas ao consumo das mídias, paralelamente, elas permitem também a emergência de mídias interessantes, minuciosas e roborativas. Slow Media não incita a ficar sem esses inegáveis atrativos, mas a desenvolver uma abordagem comedida e a ter distância com relação ao oceano midiático, para se reaprender a viver e a trocar sem telas interpostas.

Esta corrente propõe retomar em definitivo o controle de nosso uso do tempo e adotar uma higiene de vida que leva em conta a dimensão midiática.

Colocar momentaneamente as mídias de lado pode se materializar a partir de condutas racionais simples e eficazes, por exemplo, viver alguns dias por semana sem ligar o computador pessoal, desligar o celular à noite e aproveitar esse tempo ganho para voltar a ler um livro com calma. Finalmente, aprendendo a renunciar à invasão das mídias no cotidiano, cada um terá melhores condições de apreciar suas reais necessidades nesse campo.

Na universidade

Jennifer Rauch,[3] a professora de comunicação e de jornalismo da Universidade de Long Island, no Brooklyn, busca tornar seus alunos atentos à dominação das mídias sobre suas vidas. Em um primeiro momento, ela lhes propõe experimentar um dia inteiro sem mídias. A seguir, ela solicita à sua turma que use durante um dia somente mídias anteriores a 1985. Escutar um disco de vinil, assistir a um filme em videocassete, ler um livro, etc. Essa experiência em dois tempos mostra aos estudantes que o uso consumista atual das mídias nos impede às vezes de viver plenamente experiências concretas

---

[3] Acessar www.jennifer-rauch.com.

:: DESACELERE • OUSE DIMINUIR O RITMO E VIVA MELHOR

sem ser interrompidos. Sobretudo, a relação não controlada com as mídias cria obstáculos a relações humanas qualitativas.

Adbusters

Adbusters é o nome de uma revista anticonsumista de Vancouver e também de uma fundação que desde 1989 se engaja em prol de diversas causas sociais e políticas. Desde 2008, a *Adbusters* convida internautas do mundo inteiro a participar de uma experiência Slow Media: a Digital Detox Week. Esse jejum midiático tem por objetivo levar seus participantes a refletir mais sobre o consumo midiático. Durante a Digital Detox Week, não se exige necessariamente desligar tudo, mas moderar o uso do computador. Muitos internautas puderam, assim, perceber que deixando as tecnologias um pouco a distância e clicando menos compulsivamente, eles encontravam tempo, desenvolviam contatos humanos e ganhavam preciosos momentos de reflexão.

Os *mooks*

O *magbook,* ou *mook*, um híbrido entre livro e revista, é um novo objeto editorial lançado há alguns anos na França. Ele é difundido essencialmente em livrarias onde dispõe de uma melhor visibilidade do que em quiosques abarrotados. Lançado em reação ao empobrecimento do conteúdo na imprensa clássica, ele privilegia os formatos longos, a investigação e a fotorreportagem. Uma revista como a *XXI* obteve um sucesso fulgurante. Sua tiragem está fixada em 50 mil exemplares a cada trimestre. Um êxito que fez escola. Hoje, o *mook* é um gênero bem estabelecido no mundo da imprensa francófona, com vários títulos que o reivindicam a exemplo de *Usbek & Rica*, uma revista que explora o futuro, ou *Muze*, um trimestral feminino.

Na mesma veia da Slow Media, a *Polka Magazine* faz apostas ao defender o fotojornalismo, um gênero jornalístico em vias de extinção na imprensa tradicional por causa do suposto desinteresse do público por essa maneira de relatar o mundo, e também pela falta de orçamento.

The Sochi Project

Em 2014, a Rússia organiza os Jogos Olímpicos de inverno em Sóchi, um lugar de férias e descanso conhecido por seus sanatórios e pelo clima ameno, apesar das altas montanhas do Cáucaso a seu redor. Com bastante investimento do poder local, esses jogos têm uma forte dimensão política e geoestratégica. Os nostálgicos da Grande Rússia, com o ultranacionalista presidente Vladimir Poutine à frente, veem aí uma ocasião para colocar outra vez a Rússia entre as nações-faróis do mundo. Essa região caucasiana, entretanto, não parece o lugar mais propício à expressão do ideal de paz de Pierre de Coubertin. Na verdade, ela vive erupções de violência esporádicas desde o desmantelamento da União Soviética. A apenas alguns quilômetros de Sóchi, está Abecásia, uma região secessionista georgiana apoiada pela Rússia. A Chechênia e o Daguestão são vizinhos que recentemente passaram por períodos de guerra e ainda vivem uma instabilidade crônica.

Esses ingredientes fazem de Sóchi um terreno particularmente interessante para o jornalismo de investigação. Esta é a razão pela qual o fotógrafo Rob Hornstra e o autor e cineasta Arnold van Bruggen decidiram desenvolver lá um projeto de grande envergadura, descrito por eles como Jornalismo Slow. Eles estão em Sóchi desde 2009 e documentam com profundidade as evoluções dessa região complexa, um verdadeiro barril de pólvora sob a constante iminência de explodir. Um projeto de imersão longa que eles contam sob forma de livros, de artigos em seu website e de outros objetos derivados.

Slow Media em banda larga

Apesar da pressão da gratuidade que pesa sobre a imprensa tradicional ocasionando um empobrecimento de sua qualidade, a internet representa também um formidável laboratório no qual inventam-se as mídias de amanhã. Por exemplo, a *Global Magazine* lançou *on-line* um verdadeiro espaço de informação lenta em que os jornalistas tomam o tempo e a distância necessária para esmiuçar uma informação e colocá-la em perspectiva. Outros sites, como o francês *Mediapart,* fornecem pesquisas detalhadas e fazem emergir dossiês importantes como os casos Bettencourt e Cahuzac.

Filosofia

Cada um pode verificar a que ponto as novas tecnologias aumentaram e aceleraram nossas trocas midiáticas. Toda informação, ou quase toda, está disponível em rede, comunica-se muito rápido por mensagem e, segundo a fórmula consagrada, consome-se em "um clique". Ferramenta formidável, a internet constitui ao mesmo tempo a melhor e a pior das revoluções técnicas desses últimos anos, tanto agrava os fenômenos do pensamento único e de isolamento de cada um por trás das máquinas, quanto reforça a pluralidade e a difusão das opiniões e da informação.

O risco de um mau uso das mídias, por impulsividade ou na ausência de livre arbítrio, tem por consequência previsível uma desumanização do homem. Ninguém ignora que a tecnologia impõe um quadro, uma estrutura específica e independente de seus objetivos iniciais. O filósofo Martin Heidegger concluiu daí que:

> [...] assim, nós já vivemos na liberdade do destino que de modo algum nos aprisiona em uma coação apática, que nos forçaria a mergulhar cegamente na técnica ou, o que viria a dar no mesmo, a nos revoltar inutilmente contra ela ou a condená-la como obra diabólica. Ao contrário: quando nós nos abrimos propriamente à essência da técnica, nós nos encontramos presos, de uma forma inesperada, em uma exigência liberadora.[4]

---

[4] Martin Heidegger, *Essais et conférences* (Paris: Gallimard, 1958).

Com o inacreditável desenvolvimento da internet, a abordagem das mídias diante do tratamento da informação se caracteriza em dois tempos: aquele do real diante daquele da reflexão; e entre dois tipos de informação, a recebida e a transmitida. O tempo do imediatismo e o da análise são conciliáveis? Hartmut Rosa, filósofo e sociólogo, evoca perfeitamente essas questões sociais maiores que estão em jogo em sua obra *Accélération*. "Estar sobrecarregado, faltar tempo, mesmo quando não paramos nunca, a rapidez contaminou nossas vidas pessoais e profissionais, dirigidas pela hiperatividade e a lógica quantitativa da agenda cheia."[5] Hartmut Rosa denuncia "esse tempo presente abreviado que foge, diante de nosso sentimento de realidade, de identidade que se diminui...". Para ele:

> As estruturas temporais modernas evoluem de uma maneira muito específica e predeterminada: elas são governadas pela lei e pela lógica de um processo de aceleração que está imperceptivelmente ligado ao conceito e à essência da modernidade.

Para não se deixar levar nesse movimento de aceleração que conduz a uma verdadeira "penúria temporal", felizmente, em última análise, nós conservamos a possiblidade de desacelerar, de reinventar um outro tempo.

---

[5] Hartmut Rosa, *Accélération: une critique sociale du temps* (Paris: La Découverte, 2010).

≡ Slow Science

Os adeptos da Slow Science acreditam que a pesquisa universitária está sendo confrontada por uma disfunção exprimida sob a forma de uma distorção entre sua prática habitual e a pressão constante exercida por nossa "sociedade rápida", que impõe uma quota de resultados. O velho provérbio italiano *chi va piano, va sano e va lontano* perdeu-se no caminho. Em reação a esse fenômeno, a novíssima comunidade europeia Slow Science, nascida em 2010, pretende denunciar um desvio progressivo institucional que reduz a pesquisa à mera corrida desvairada rumo ao desempenho.

Segundo Christophe Rymarski:

> Diretamente visadas: as chamadas para submeter projetos, os pedidos de financiamento, as obrigações de publicação ou as obrigações de comunicação pouco a pouco transformaram os pesquisadores em vendedores de competências. Os poderes públicos, no âmbito dos financiamentos, eles mesmos privilegiam os prazos extremamente curtos.[1]

Na França, como em toda parte na Europa, desde 2002, os orçamentos para pesquisa se reduzem até quase não sobrar mais nada. Para lembrar, em 2002, o presidente Jacques Chirac, em plena campanha presidencial para sua reeleição, assegurava que no horizonte de 2007 a França estaria "em primeiro lugar da Europa no que diz respeito ao incentivo à pesquisa".

---

[1] Christophe Rymarski, "Slow science, Slow Food, Slow City...: les mouvements Slow", em *Sciences humaines*, nº 239, julho de 2012.

De acordo com a análise do pesquisador Henri Audier:

> Em 2008, a França se torna um país de segunda zona na pesquisa, com um orçamento de 2,02% do PIB no lugar dos 3% que foram prometidos. A França ocupa, então, o 14º lugar mundial em termos de orçamento para pesquisa. Hoje, em 17º no *ranking* mundial, a França viu seu orçamento de incentivo à pesquisa recuar cerca de 10%.[2]

Nessas condições, a pesquisa, em geral, está muito mal dividida e fechada em uma corrida para resultados, da qual, no final, ninguém, se beneficia, nem mesmo a instituição.

O movimento Slow Science denuncia a impaciência de uma sociedade na qual a excelência nem sempre combina com a garantia de resultados. O tempo da pesquisa só pode se inscrever na duração de um período, em uma forma de lentidão, que deve se libertar da corrida para os resultados; sem isso, obteremos somente *ersatz* de progresso e de descobertas efêmeras.

A ciência encontra-se, portanto, confrontada pelo paradoxo de ter, mais do que nunca, a necessidade de diminuir o ritmo, de desacelerar, para conseguir acelerar no bom tempo as pesquisas. No campo das ciências, nada se deve ao acaso e a criatividade dos pesquisadores depende do grau de liberdade acordado pelas instituições. Ora, para efetuar pesquisas de qualidade, é necessário conseguir ler, refletir, postular... e isso demanda tempo. Mesmo que haja pouca chance de a ciência escapar à exigência de resultados, a comunidade Slow Science gostaria de pelo menos diminuir o ritmo da corrida.

---

[2] Herni Audier, "Depuis 2002, l'effort de recherche de la France s'effondre: 2,02% du PIB en 2008". Em revista *SNCS-Hebdo*, nº 19, 19 de outubro de 2009.

SLOW SCIENCE ::

"Publish or perish"

Entrevista com Lionel Pourtau, sociólogo do Instituto de Oncologia Gustave Roussy e pesquisador associado do departamento de pesquisa em ética da Universidade Paris-Sud:

Segundo o senhor, a aceleração dos tempos sociais também tem um impacto sobre a ciência?

Sim, e essa aceleração da produção científica traz uma questão crucial, como o tempo de duração da legitimação dos paradigmas científicos. As pesquisas e as descobertas avançam em epistemologias que evoluem de modo muito lento e repentino, quando uma massa crítica é alcançada.

O quadro da ciência mantém-se estável?

Não, as inovações induzem novas disciplinas que levarão o seu tempo antes de se tornar acadêmicas e de permitir a aparição de novos setores industriais. As ciências duras e as ciências biomédicas estão diante de duas questões particulares, que influenciam sobre o tempo de maturação que lhes deixam os atores sociais:

» A especialização necessita de investimentos financeiros cada vez mais pesados, o que provoca uma pressão ainda maior quanto ao retorno sobre o investimento. Que os financiadores sejam públicos ou privados. Assim se cria uma tensão entre as esferas da pesquisa (fundamental/aplicada; científica/técnica).

» Ademais, a pesquisa se tornou uma ferramenta política maior da competitividade das nações e das federações de nações, de sua competição entre elas. Por isso a pesquisa de aceleração de resultados no quadro dessa guerra econômica.

A Estratégia de Lisboa, ou Agenda de Lisboa, ou Processo de Lisboa, foi o principal eixo de política econômica e de desenvolvimento da União Europeia entre 2000 e 2010, decidido no Conselho Europeu de Lisboa em março de 2000 pelos quinze Estados-membros da União Europeia de então.

O objetivo dessa estratégia é fazer da União Europeia "a economia do conhecimento mais competitiva e mais dinâmica do mundo, capaz de um crescimento econômico sustentável acompanhado de uma melhoria quantitativa e qualitativa do emprego e de uma maior coesão social". Os meios propostos para tanto são a realização de uma série de reformas globais e interdependentes; enquanto as ações desenvolvidas por um dos Estados-membros forem ainda mais eficazes, os outros Estados-membros deverão agir conjuntamente. Os campos de reforma são a inovação como motor da mudança, a "economia do conhecimento" e a renovação social e ambiental. Aparece uma tensão entre a ecologia da descoberta científica e a lógica da encomenda de resultados operacionais que, para alguns, pode se tornar um impasse.

Vista sob esse ângulo, "a ciência se tornou algo muito sério para deixá-la aos cientistas".

Como pensar novas condições de produções científicas?

Pela sociologia e pela ética das ciências. Mas, ainda aqui, é preciso tempo: algumas inovações tecnológicas colocam problemas de aceitabilidade que não podemos simplesmente riscar com uma caneta em nome do modernismo (OGM, nanotecnologias, etc.). As resistências sociais devem ser ouvidas, o que não quer dizer sempre lhes dar razão. Mas essa conciliação entre ciência e sociedade, que melhora uma e outra, demanda tempos sociais longos para que o progresso científico seja sempre um progresso humano. É apenas sob esta condição que ele será compreendido, aceito, dominado. A longo prazo, todo mundo ganha com isso.

Alguns movimentos sociais de pesquisadores criticam as formas atuais da valorização da pesquisa.

SLOW SCIENCE ::

Outra fonte de sentimento de aceleração é, de fato, a pressão sobre a publicação. *Publish or perish*,[3] diz o adágio da pesquisa. Evidentemente, podemos ver nisso uma pressão que gera uma ameaça sobre os ritmos "naturais" da produção científica. Mas também é, infelizmente, um dos únicos meios de medir a atividade de um pesquisador que, talvez quando titular, mesmo no plano quantitativo, pode ser quase nula. Pensemos em um professor-pesquisador: se ele deve assegurar apenas 196 horas de ensino – diferentemente de um professor que dá aulas no ensino médio e também trabalha na universidade (*prag**) com uma carga horária de 384 horas –, é porque presume-se que ele deve assumir uma atividade de pesquisa. Os estudos de atividades de produção de artigos ou de relatórios por pesquisador e professor-pesquisador mostram uma baixa significativa da produção depois da tese. Por mais doloroso que seja, temos de admitir que uma vez obtido o *status*, um posto na universidade ou no Centro Nacional de Pesquisa Científica (CNRS), alguns param de produzir. As ferramentas para motivar os pesquisadores não são tão numerosas assim e, em alguns casos, não seria preciso que a apologia da Slow Science fosse a legitimação de uma atividade de pesquisa reduzida.

O sistema atual é o melhor possível?

Eu não disse isso porque não penso isso. Eu disse apenas que é a partir desse dever legítimo de publicação que, também aqui, a aceleração negativa pode aumentar ainda mais a velocidade e que é somente esse excesso que é preciso ser combatido. A unidade de base da produção científica, sobretudo nas ciências duras, biomédica ou em alguns setores da psicologia, é o que chamam de formato IMRAD (*Introduction, Methodology, Results And Discussion*). Esse formato sai então

---

[3] Publicar ou perecer.

* No sistema de ensino francês, *prag*, redução de *professeur agrégé*, é um funcionário da Educação Nacional que pode ser locado em escolas de ensino médio, estabelecimentos de formação ou ainda em universidades. (N. T.)

de suas disciplinas iniciais, em que provavelmente tinha sua razão de ser, para colonizar todos os campos disciplinares. Mas nem todos os mecanismos de provas cabem dentro dessa camisa de força, particularmente as ciências sociais, que muito se apoiam na pesquisa. Os formatos IMRAD permitem publicar vários artigos sobre o mesmo assunto mudando apenas uma variável. Portanto, eles são rentáveis em termos de publicações sem necessariamente contribuir sempre com grande coisa ao estado da arte. E porque alguns em ciências humanas e sociais sempre fantasiam um pouco ingenuamente sobre a forma particular de cientificidade das ciências duras, eles buscam copiá-los parvamente. A pluralidade dos modelos de pesquisa e de publicação das pesquisas é um fator essencial da descoberta. Para isso, seria preciso, por exemplo, que as revistas de fator de impacto[4] aceitassem mais frequentemente outra coisa que artigos no formato IMRAD. Caso contrário, o sistema ameaça se tornar estéril: os designs de pesquisa virão a ser pensados para o formato mais eficaz e mais rápido de publicação e não para apreender e compreender o real.

Os novos financiamentos da pesquisa passam cada vez mais por chamadas de submissão de projetos. Alguns pesquisadores se queixam do tempo perdido apresentando esses projetos...

Não há somente coisas negativas nessa nova fórmula de financiamento. É verdade que os novos investimentos científicos se fazem essencialmente via chamadas para submissão de projetos, ou seja, por financiamentos de alguns anos (de 2 a 3 anos, o mais comum). Isso é o que, de forma genérica, chamamos de financiamentos externos. Eles fazem

---

[4] Um fator de impacto, abreviado pelas siglas FI ou IF (em inglês: *impact factor*), é um cálculo que estima indiretamente a visibilidade de uma revista científica ou de ciências sociais. Um periódico com um FI elevado é considerado como mais importante (mais lido e mais citado) que um periódico com um FI fraco. O FI de um periódico é o número médio de citações de cada artigo publicado neste periódico. Os fatores de impacto têm uma grande influência no campo da publicação científica, porque eles servem muitas vezes de critérios quantitativos de avaliação. Os FI são indexados no *Thomson Reuters Journal Citation Reports* e publicados todos os anos.

com que se destine uma parte desses recursos da pesquisa ao financiamento e à sua gestão.

A passagem progressiva de uma pesquisa por financiamento de cargos estatutários ao financiamento por projeto obriga as equipes de pesquisa a passar um tempo significativo estruturando seus projetos de pesquisa para responder às chamadas.

O erro e o sentimento de aceleração vêm do fato de que essas alocações de recursos são vistas como um custo suplementar à pesquisa quando, na verdade, elas devem ser incorporadas. Assim, não se pede financiamento para uma pesquisa de 36 meses ao qual se deve acrescentar sobre fundo próprio o tempo de resposta às chamadas públicas e o tempo de gestão do desenrolar da pesquisa. Não. Pede-se um financiamento de 36 meses no qual a pesquisa se fará em 28 meses, a gestão em 3 meses e a resposta à próxima chamada para submissão de projetos em 3 meses. Portanto, 15% do projeto passa por aquilo que chamamos de a engenharia de pesquisa.

Pensar essa engenharia de pesquisa permite diminuir a pressão, a aceleração da pesquisa sob contrato. Ela leva também a uma maior diferenciação orgânica da equipe de pesquisa. Por razões de eficácia, alguns membros deverão aceitar estar apenas parcialmente nas tarefas de pesquisas. As estruturas mais eficazes e que chegam a oferecer as melhores condições de trabalho são aquelas que organizam melhor essa diferenciação.

As universidades francesas estão atrasadas nesse campo, talvez porque as pessoas encarregadas pelos projetos muitas vezes estão demasiadamente próximas dos departamentos de contabilidade e muito distantes dos laboratórios. Os custos de gestão servem apenas para gerir o desembolso enquanto eles deveriam estar no começo da montagem do projeto, desde seu desenho, para participar da elaboração de seu modelo econômico. Uma pesquisa também deve ter um modelo econômico. Quando ele é bem pensado, permite dar-se tempo e também produzir melhor.

:: DESACELERE • OUSE DIMINUIR O RITMO E VIVA MELHOR

A ciência da desexcelência

Eugène Garfield,[5] cientista americano fundador da bibliometria e da cienciometria, ou ciência da medida de análise das ciências, foi um dos primeiros cientistas a alertar sobre o estado da pesquisa no começo dos anos 1990. À época, ele declarava que a ciência *"fast"* tinha se tornado a forma mais abjeta das pesquisas e que era preciso lutar para reintroduzir o que hoje se chamaria Slow Science. Ele acreditava que a pesquisa só poderia contribuir com resultados conclusivos a partir do momento em que a medida de tempo fosse outra vez respeitada, realmente estimulando aquilo que é necessário à criatividade dos pesquisadores.

Vinte anos mais tarde, em Berlim, nascia a Slow Science Academy, que desde então exalta, em alto e bom-tom, os valores e os princípios da corrente batizada como Slow Science a uma escala mundial. Os prazos cada vez mais curtos impostos em nossos dias pelas instituições do mundo da pesquisa têm por consequência apenas mergulhar este último em uma postura "de excelência" exclusivamente quantitativa. Pregando a "desexcelência", em oposição à excelência imposta, a Slow Science também na Bélgica tenta resistir às injunções de rentabilidade e de imediatismo, às obrigações de publicar, de comunicar, aos financiamentos ou às chamadas para submeter projetos.

A maturação das ideias

A Slow Science está fundada na qualidade das pesquisas, indissociável de uma lentidão reencontrada. Sem isso, a ciência perderá sua alma, porque a vida dos pesquisadores se acelerou a um tal ponto que o ritmo exigido pelas instituições parece insustentável para muitos deles. Em pesquisa, nada se faz rapidamente ou acontece por magia, às vezes por acaso, mas a magia do acaso é ter tempo para observá-lo.

---

[5] Eugène Garfield, "Fast Science *vs.* Slow Science, or Slow and Steady Wins the Race", em *The Scientist*, vol. 4, nº 18, setembro de 1990.

Por exemplo, inúmeros são aqueles que pensam que o famoso "Eureca!", exclamado por Arquimedes,[6] foi dito depois de ele compreender, tomando banho, as leis que regem o empuxo dos líquidos sobre os corpos imersos. Longe disso, uma vez que Arquimedes precisou de muito tempo, trabalho, reflexão e tentativas para elaborar seu princípio que permite comparar pesos medindo volumes. Aliás, esse princípio, que depois se tornou teorema ou lei, foi sabiamente enunciado em uma de suas obras, *Le traité des corps flottants*. O mesmo aconteceu com Isaac Newton, que levou uma maçã na cabeça e daí tirou os teoremas das leis de gravitação, ou ainda Einstein e seus problemas de horário com as ferrovias suíças, que o levaram a inventar o espaço-tempo e a teoria da relatividade.

Uma outra abordagem da ciência

Em 2010, a Slow Science Academy de Berlim publicava um manifesto[7] cujo objetivo principal era reabilitar a ciência dando-se tempo para pensar, pois "a ciência precisa de tempo para ler e tempo para falhar". Para resumir seu pensamento, de um lado, a sociedade deve absolutamente devolver o tempo aos cientistas, de outro, os cientistas devem levar o tempo necessário para fazer pesquisas nas melhores condições possíveis, sem pressão.

No manifesto redigido pela comunidade Slow Science, observa-se que ela não aceita mais trabalhar sem o tempo necessário a todas as pesquisas dignas desse nome. Ainda que firme em sua vontade de acabar com essa ciência de velocidade supersônica, espécie de corrida desenfreada aos resultados, ela não se opõe formalmente a uma certa ciência que funciona sob um modo *fast*. Contudo, é mais do que tempo de voltar às práticas antigas, garantias de uma real qualidade da pesquisa científica, ligada também ao devaneio e às discussões na cafeteria.

---

[6] Arquimedes, *Le traité des corps flottants*, 287-212 a.C., traduzido em 1891 por Adrien Legrand, ed. Detambel.

[7] Disponível em www.slow-science.org.

:: DESACELERE • OUSE DIMINUIR O RITMO E VIVA MELHOR

Enfim, a comunidade Slow Science se levanta também firmemente contra o desejo crescente das instituições de reduzir as ciências a uma simples quantidade de saberes convencionados. Onde está a qualidade, o objetivo e a inteligência em tudo isso? "Ciência sem consciência é tão somente a ruína da alma", como bem o dizia Montaigne.[8]

A Slow Science deseja construir toda uma reflexão sobre as vantagens e os inconvenientes da pesquisa contemporânea que repousa sobre o princípio "de excelência".

Segundo Léo Coutellec, doutor em filosofia das ciências:

> [...] se a desobediência existe na pesquisa, por exemplo, entre esses pesquisadores que recusam gratificações por excelência, ela ainda permanece simbólica. De fato, nós sentimos a necessidade de fazer ciência de outro modo aqui e agora, criar polos de resistência no interior do sistema, praticar uma outra ciência, promover, pela experimentação coletiva, uma outra concepção de ciência. Certamente as liberdades desaparecem, as condições se endurecem e as pressões sobre o rendimento se tornam insuportáveis, mas nós devemos resistir criando, pois pontos de apoio para isso não faltam.[9]

Para que a ciência faça menos, mas melhor

A Slow Science Academy propõe simplesmente reposicionar a pesquisa no coração da prática dos pesquisadores. O princípio desse reposicionamento da pesquisa não consiste em diminuir sua qualidade de trabalho, mas em estender sobre um tempo de duração mais longo a quantidade de trabalho de pesquisa a fornecer, a fim de que

---

[8] Michel de Montaigne, *Les Essais*, 1595 (Paris: PUF, 2004).

[9] Léo Coutellec, "Slow Science: pour un autre rapport aux savoirs", em *Le Sarkophage*, nº 30, mai.-jul. de 2012.

o princípio mesmo de uma descoberta tenha tempo de desabrochar quase naturalmente, como uma flor.

Para ela, seria preciso acabar com essa pressão institucional constante exercida em termos de desempenho, produtividade e rentabilidade que não parece muito compatível com um retorno ao qualitativo em matéria de pesquisa. Caso contrário, nós assistiremos pouco a pouco a um mundo da ciência perdendo seus valores e longe de ideais de um tempo medido, de rigor ou de sabedoria outrora defendidos.

NA ALEMANHA

O exemplo alemão, na sequência do surgimento do primeiro Manifesto Slow Science, aparece como o mais emblemático dessa comunidade nascente, desde outubro de 2010. Defendendo a ideia maior de uma ciência que deve levar o tempo necessário para ser bem-feita, essa comunidade Slow Science, por meio de todo um conjunto de resoluções, convida os pesquisadores do mundo científico a reencontrar em seu trabalho o gosto pelo tempo da deliberação para preparar trabalhos criativos de qualidade.

Eis por que os cientistas da Science Academy de Berlim começam seu manifesto por: "Nós somos cientistas. Não temos blogue. Não estamos no Twitter. Nós levamos tempo, o nosso tempo". O exemplo mais edificante sobre sua relação com o tempo da deliberação, o tempo da lentidão, está em outra passagem do manifesto:

> Nós precisamos de tempo para refletir. Precisamos de tempo para digerir. Precisamos de tempo para o mal-entendido, particularmente favorecendo o diálogo perdido entre as ciências humanas e as ciências naturais.

NA BÉLGICA

Em consonância com seus colegas alemães, a comunidade de cientistas belgas insiste mais sobre o conceito de "desexcelência" em oposição àquele "de excelência" atual, com base na produtividade e na competitividade, levando ao impasse da falta de prazer e de criatividade (já descrito). Para reencontrar o prazer e a criatividade, a comunidade Slow Science belga – conduzida por Olivier P. Gosselain,[10] mestre de conferência em antropologia da Universidade Livre de Bruxelas – decidiu se organizar para lutar contra as injunções de produtividade, de rentabilidade e de imediatismo incansavelmente exigidas pelo poder institucional. Opondo-se firmemente a essa concepção institucional burocrática atual, os cientistas belgas se reuniram em torno de certo número de proposições visando diminuir a corrida ao resultado.

Na prática, a comunidade Slow Science na Bélgica milita no âmbito de vários eixos de trabalho:

» para mudar os diversos modos de avaliação da pesquisa;

» para informar o grande público sobre as realidades da pesquisa;

» para criar lugares de isolamento e de recuo ou "modos eremitas" a fim de praticar uma outra ciência.

Graças à prática da lentidão, do prazer e da criatividade, diferentes fases de uma pesquisa serão niveladas, reintroduzindo, assim, um dos valores fundamentais que garantem a realização de trabalhos de qualidade.

NA FRANÇA

Simultaneamente à aparição do Manifesto Slow Science em Berlim, na Universidade Nice Sophia Antipolis, Joël Candau, doutor em etnologia, professor do Departamento de Sociologia e Etnologia, lançou em outubro de 2010 seu *Appel à la fondation du mouvement Slow Science*[11] na França, mas também no exterior. Na ocasião do surgimento do texto, seu apelo foi amplamente ouvido e assinado por milhares de pessoas (mais de 4 mil em 2011) que desejavam diminuir globalmente a atividade dos pesquisadores e professores a fim de devolver o tempo ao tempo, tão necessário ao campo da pesquisa.

---

[10] Olivier P. Gosselain, "Désexcellence", em *Ravages: dossier Slow*, nº 7 (Paris: JBZ, 2011).

[11] Disponível em http://firgoa.usc.es/drupal/node/50538.

O apelo à fundação do movimento Slow Science foi elaborado em um contexto de vasta reforma universitária na França, e essa chamada pregava essencialmente "uma diminuição das tarefas administrativas em proveito do tempo voltado à pesquisa, uma melhor divisão entre ensino e pesquisa e avaliações que não considerem apenas as bibliografias".

Para ilustrar o exemplo francês da comunidade Slow Science, eis aqui como começa essa chamada:

> Pesquisadores, professores-pesquisadores, apressemo-nos a diminuir o ritmo! Liberemo-nos da síndrome da Rainha Vermelha![12] Paremos de querer correr sempre mais rápido para, finalmente, ficar parado, quando não é o caso de dar marcha a ré! [...] Nossas instituições e, bem além delas, a pressão da sociedade promovem uma cultura do imediatismo, da urgência, do em tempo real, dos fluxos intensos, dos projetos que acontecem em um ritmo sempre mais rápido. Tudo isso se faz em detrimento de nossas vidas, todo colega que não está sobrecarregado, estressado, hoje passa por original, abúlico ou preguiçoso. A ciência *fast*, assim como o *fast-food*, privilegia a quantidade sobre a qualidade.

A filosofia da Slow Science

Temos de reconhecer que não é somente em matéria de ciência e de pesquisa que essa corrida louca contra o tempo se estabeleceu. O sociólogo alemão Hartmut Rosa[13] identifica perfeitamente essa constatação devastadora. Ele se refere, em uma passagem de seu livro, à nossa sociedade de consumo para exprimir essa corrida insensata:

---

[12] Hipótese da biologia evolutiva, que tira seu nome da Rainha Vermelha de *Alice no país das maravilhas*, de Lewis Carroll. Nesse livro, a Rainha Vermelha se lança em uma corrida desenfreada. Alice então pergunta: "Mas, Rainha Vermelha, é estranho, nós corremos rápido e a paisagem em volta não muda?", e a Rainha responde: "Nós corremos para ficar no mesmo lugar".

[13] Hartmut Rosa, *Accélération: une critique sociale du temps*, cit.

> Se foi preciso vários anos para equipar um milhão de lares com um televisor ou uma máquina de lavar, um milhão de iPods são vendidos hoje em algumas horas. [...] Essa aceleração técnica veio acompanhada de uma aceleração social que modificou totalmente nossas atitudes pessoais.

Nós chegamos a uma necessidade viciada de consumo de novas tecnologias.

As descobertas e as inovações decorrentes da pesquisa científica que acompanham já há muito tempo o progresso técnico simbolizam desde sempre o avanço de uma sociedade. Seria graças a um justo retorno à arte da lentidão que seria preciso em seguida refletir sobre a necessidade e o senso real da noção de progresso para nossa sociedade. Razão pela qual a comunidade Slow Science faz questão de instaurar a "desexcelência", única maneira de diminuir o ritmo dessa corrida, como o demonstra Hartmut Rosa quando evoca suas famosas "ilhas de desaceleração, uma espécie de oásis totalmente protegido dos turbilhões dominantes".

Outros movimentos Slow

Por meio deste livro, nós quisemos tratar da emergência dos movimentos Slow da maneira mais exaustiva possível. Todavia, foi preciso nos concentrar nos movimentos mais emblemáticos. A cada mês, ou quase, aparece um novo movimento que reivindica essa filosofia da moderação. Alguns entre eles manifestam certo potencial, outros parecem mais anedóticos, até mesmo puramente jogadas de marketing, mas nós tentamos apresentá-los mesmo assim em algumas palavras e deixar ao leitor o cuidado de reter o que julgar interessante.

Slow Art

Este movimento convida a passar mais tempo em companhia de uma obra, em vez de emendar exposições uma na outra ao modo do crítico francês Joel Riff, que se obrigava a visitar sete exposições por semana, sobre as quais ele não fornece quase nada além de seu título em um blogue. Organizados pela associação americana Reading Odyssey, os Slow Art Days[1] consistem em verdadeiramente ver dez obras selecionadas por voluntários e depois falar sobre elas em grupo para chegar a sentir seu impacto e expressar as emoções que elas suscitam, além de poder ter também uma abordagem integrada no tempo e na época da vida do artista e fazer dialogar as obras experimentadas com obras de outros artistas mais antigos ou mais recentes.

---

[1]   Acessar www.slowartday.com.

Iniciativa de um outro gênero, na Áustria, a Associação pela Diminuição do Ritmo do Tempo (Zeitverein) organiza sestas coletivas em lugares públicos e outros eventos entre *happening*, arte e filosofia que perturbam a pressa do mundo.

Estética Slow

A Estética Slow reagrupa as técnicas médicas progressivas de rejuvenescimento para obter resultados naturais. Seu conceito consiste em levar o tempo necessário para fazer o que deve ser feito e também limitar os riscos. Rejuvenescer sem se transformar parece ser a palavra de ordem dessa recente corrente médica que utiliza técnicas mais brandas, sem bisturi.

Slow Drinking

O Slow Drinking, ou o inverso do *binge drinking,* expressa antes de mais nada uma atitude no âmbito da promoção de um consumo responsável de bebida, tomando posição contrária ao hábito de um consumo excessivo. Reunindo os apaixonados pela vida, ele defende o prazer de uma degustação responsável e de qualidade, sem deixar de reservar um tempo para petiscos e para a vontade de compartilhar, porque velocidade e consumo não se dão bem por muito tempo.

Cosmética Slow

Ela convida a uma revolução gradual para adotar "uma beleza mais verdadeira, mais simples e mais ecológica", declara Julien Kaibeck,[2] que criou a associação pela Cosmética Slow. A Cosmética Slow é ecológica porque, ao mesmo tempo em que limita as

---

[2]   Julien Kaibeck, *Adoptez la Slow Cosmétique* (Paris: Leduc.S, 2012).

embalagens, ela bane os ingredientes que têm um forte impacto ambiental, como os óleos minerais. Ela convida aos simples prazeres lembrando a autenticidade dos elementos benéficos para a pele e incentiva o contato com a natureza. Também marca o reaparecimento de antigos cosméticos como o delineador indiano, a manteiga corporal de leite de cabra, o óleo de argan, etc.

Emagrecimento Slow

Este é um novo movimento que se opõe aos regimes que incitam à privação para perder peso. O emagrecimento Slow defende escutar seu corpo e seus prazeres a fim de encontrar sensações de paz. Segundo essa filosofia branda de regime, o corpo sabe intuitivamente o que é bom para ele. Bastaria, portanto, aprender a estar em harmonia física e mentalmente para encontrar um peso que esteja de acordo com as suas expectativas.

Slow Massage

A Slow Massage apresenta toda uma gama de cuidados de bem-estar de qualidade aliando prazer e lentidão. Para lutar eficazmente contra o cansaço e o estresse provocados pelas jornadas desgastantes, propõe a seus adeptos massagens corporais com ervas e óleos naturais.

Slow Fashion

Esse conceito se situa entre ética e estética, pois ambos são indissociáveis, tal qual o conceito de Junzi de Confúcio, que declara que um homem de bem é um homem de gosto. Com o conceito Slow Fashion emergem timidamente uma moda e um luxo éticos, um luxo de virtudes, em toda parte do mundo. Desde 2004, existe o Ethical Fashion Show.[3] Este salão de moda ética reúne a cada ano designers que defendem os homens e suas condições de trabalho, conhecimentos vindos do mundo inteiro e matérias de qualidade.

Slow Gardening

Trata-se de uma nova forma de praticar a jardinagem, vinda dos Estados Unidos. Essa modalidade dita "lenta" se define por uma atitude de jardinagem *cool*, ativa, mas descontraída, associada a uma relação de consumo responsável: uma escolha ecológica pelo restabelecimento de um equilíbrio natural em seu jardim e a prática ativa do prazer do exercício físico.

Slow Music

Trata-se de uma corrente musical na qual a lentidão do ritmo associada ao prazer auditivo abra talvez mais facilmente o espírito. A Slow Music é representada pelo grupo islandês Amiina[4] e o francês STS Association, que produzem uma música eletrônica mais calma. Em ambos os casos, escutá-los sem dúvida vale mais que longos discursos.

Slow Ski ou Slow Slopes[5]

Ele já conquistou inúmeras estações, especialmente na Suíça, onde se pode praticar esqui de modo seguro e calmo. Para acabar com os stakhanovistas dos teleféricos, eis uma nova atitude dos hedonistas em altitude. Os esquiadores têm o prazer de esquiar em

---

[3]   Acessar www.ethicalfashionshow.com.
[4]   Acessar www.amiina.com.
[5]   Acessar www.seilbahnen.org.

estado puro, com tranquilidade e segurança, uma vez que a velocidade é banida. Tudo muito suíço, na verdade. Podemos acrescentar ainda que as práticas que consistem em escalar os picos usando esquis de pele de foca sintética e depois descer esquiando participam da filosofia Slow Ski.

Medicina Slow

Ela não se limita à incorporação de técnicas da medicina alternativa na medicina ocidental, trata-se também de uma forma de medicina interativa entre o paciente e seu médico. Ela dá ao paciente a liberdade de escolha se ele quer beber e fumar, arriscando talvez viver menos tempo, e aceitar as consequências de suas escolhas. Ela se opõe ao higienismo coercitivo do médico que impõe sua medicação em nome da saúde do paciente sem consultar sua vontade. Não é apenas tomar o controle de sua saúde, é também escolher sua morte, aceitar cuidados paliativos de qualidade e de conforto, em vez de, por exemplo, uma duração de vida infernal de quimioterapia. Também é a interação com a família, de maneira a tomar as decisões de forma igualitária, em diálogo.

Conclusão

Esses movimentos que se abstêm de todo extremismo, que buscam convencer paulatinamente mais do que impor; que são "mornos", diriam alguns, "conformistas", debochariam outros, segundo o lado político ao qual pertencem, nos parecem, contudo, cheios de bom senso. Eles reafirmam a existência de ritmos naturais como o dia, a noite, as estações, a ação, o repouso com os quais os homens aprenderam a viver. Todo mundo tem cotidianamente a experiência do desgaste de si devido a um ritmo frenético.

A nostalgia de um tempo mais harmonioso nos ganha a todos em um momento ou outro. Mas, fundamentalmente, estaríamos prontos para diminuir o ritmo? Prontos para renunciar a essa velocidade que acusamos de todos os males? Prontos para desligar todos esses brinquedos tecnológicos que nos acompanham? Os neurologistas acreditam que nossos cérebros têm recursos de adaptação inimagináveis. Vemos isso com nossas crianças que brincam desde a mais tenra idade com um iPad, que aprendem chinês com a babá, inglês no maternal e falam ainda outras línguas em casa. A rapidez nos inebria, mesmo que por momentos nos frite a mente e nos mate.

A bulimia e a insaciabilidade são inclinações humanas às quais nós adoramos ceder.

No entanto, por trás dessa precipitação de multiplicar as atividades se esconde talvez nossa angústia do vazio. Nunca se confrontar com o tédio e enfurecer-se contra a perda de tempo tornam-se então obsessões perpétuas. Para perder o mínimo de tempo, com toda a lógica, faz-se muito e rapidamente para se ter a agradável sensação de ganhar ao máximo. Assim, nós vivemos um tempo ultrapreenchido.

:: DESACELERE · OUSE DIMINUIR O RITMO E VIVA MELHOR

Para o homem moderno, a busca do objeto de desejo se tornou cada vez mais fundamental. É preciso constantemente se apressar, fazer mais rápido o máximo de coisas ao mesmo tempo para não renunciar, para ter uma impressão de onipotência. Existe, nesse nível, muita incapacidade em diferenciar a satisfação de nossas necessidades. Necessidades em que o ilusório toma o poder sobre o que é realmente importante, essencial e, sobretudo, o efêmero que impede toda construção durável na quietude. O culto da urgência nos mergulha, assim, no imediatismo, proporcionando a embriaguez e a ilusão do poder sobre o tempo. Uma maneira de se distanciar ou manter a morte a distância? O investimento excessivo em múltiplas ações desenvolvidas é antes de tudo um mecanismo de defesa mobilizado para tratar da violência que nos inflige o real. Tornando-nos adictos da maximização do tempo vivido, nós preenchemos apenas artificialmente a angústia do vazio sem jamais lhe responder "presente!".

Contudo, não é sem interesse que a filosofia Slow surja hoje no Ocidente, um mundo repleto de dúvidas, submisso a crises sucessivas e ao envelhecimento de sua população. Jacques Attali, um hiperativo notório, explicava que "as sociedades diminuem o ritmo quando elas estão em declínio ou quando se fecham para o mundo".[1] Esse desejo de acalmar o jogo seria então somente o declínio da cultura ocidental? Não é possível imaginar o sucesso de tal pensamento na China, onde ainda se sonha com o enriquecimento, a conquista espacial e a dominação do mundo. Exceto para alguns malucos, a conservação do patrimônio é a última das preocupações dessa civilização em plena demonstração de potência. Então, por diminuir demais o ritmo, seremos esmagamos pelos países emergentes? Pensamos na fábula das ovelhas de Panurge: quem para é pisoteado pelos outros, e todo mundo pula do penhasco. Precisaremos então nos apressar, impedir-nos de cair na melancolia Slow para mantermos o rumo e o domínio de nossas vidas?

Não necessariamente, porque a emergência dessas correntes não saiu apenas de nossa psicologia coletiva cansada. Os relatórios sobre o estado do planeta nos mostram muito bem que há algo de errado,

---

[1]   Entrevista na revista *Clés*, nº 79, out.-nov. de 2012.

CONCLUSÃO ::

que nós consumimos muito e rápido demais, sem mesmo dar-nos conta, nem sentir prazer.

Se nossas capacidades mentais são mais significativas do que se imagina, as do planeta existem efetivamente em quantidades finitas. Assim, se hoje pode parecer um luxo de ricos, a filosofia Slow poderia nos ser imposta *de facto* por uma rarefação dos recursos disponíveis, que provocaria uma retração econômica e, por consequência, um decrescimento. Ser consciente disso e engajar-se em vias mais sustentáveis ecológica e socialmente não deve ser uma arte de viver, mas uma ética da responsabilidade. O Ocidente levou o mundo em uma espiral de aceleração, cabe a ele dar o exemplo da diminuição de ritmo. Apesar de todos os seus defeitos, os movimentos Slow nos explicam que esta via difícil comporta também seu prazer e sentido.

≡ Guia prático

Slow Food

Sites

Slow Food International: www.slowfood.com

Slow Food France: www.slowfood.fr

Terra Madre: www.terramadre.info

Salão do Gosto de Turim: www.salonedelgusto.it

Cittaslow

Sites

Cidades em Transição: www.transitionnetwork.org

Cittaslow international: www.cittaslow.org.uk

Todas as cidades Cittaslow no mundo: www.cittaslow.org

Transition Town: www.villesentransition.net

Illichville: www.carfree.fr/index.php/2008/02/02/illichville-la-ville-sans
-voitures

Cidade de Segonzac: www.segonzac.fr

Outras mídias

Emissão *"Slow Life", une méthode contre le stress?* – Para ver no site da
Arte: http://videos.tf1.fr/jt-20h/eloge-de-la-lenteur-6109600.html

Slow Sex

Sites

O blogue fleumático de Anne Archet: www.flegmatique.net

E os cadernos de Anne Archet: www.archet.net

O blogue dos preguiçosos: www.lesparesseuses.com

A festa da calcinha em Lausanne: www.feteduslip.org

Filmes

Federico Fellini, *A cidade das mulheres*, 1980.

Steve McQueen, *Shame*, 2011.

Slow Education

Sites

As escolas do mundo: www.ecolesdumonde.org

O movimento Slow Education: www.slowmovement.com/slow_schools.php

As escolas lentas na Itália: www.scuolacreativa.it

A escola lenta Els Alocs na Espanha: www.xtec.cat/ceipelsalocs

Pesquisas Pisa 2009: http://download.inep.gov.br/acoes_internacionais/pisa/resultados/2009/resultados_preliminares_pisa2009.pdf

Slow Science

Sites

A Slow Science Academy e seu manifesto: www.slow-science.org

Léo Coutellec: www.leocoutellec.wordpress.com

Paul Jorion: www.pauljorion.com

Olivier Gosselain: www.sauvonsluniversite.com

Slow Turismo

Sites

Código Mundial de Ética do Turismo: www2.unwto.org

Slow Tourisme: www.slowtourism-italia.org

Pérolas dos Alpes: www.alpine-pearls.com

Estatuto dos viajantes ecorresponsáveis: www.blog.voyages-eco--responsables.org

Estatuto dos agentes de viagem ecorresponsáveis: www.blog.voyages-eco--responsables.org

Associação Le Terre dei Savoia: www.visitterredeisavoia.it

Agência de viagens Slow Terra Mundi: www.terra-mundi.com

Agência Departamental de Desenvolvimento e Reservas Turísticas de Vaucluse: www.vaucluse.fr/economie-et-emploi/le-tourisme-et-lagritourisme

Outras mídias

Office de Tourisme de La Porte du Hainaut: www.youtube.com/watch?v=xAnAMospyHE

Slow Management

Sites

Escola de Administração de Grenoble: www.grenoble-em.com

Filmes

Pierre Carles, Christophe Coello, Stéphane Goxe, *Attention danger travail*, 2004.

Pierre Carles, Christophe Coello et Stéphane Goxe, *Volem rien foutre al païs*, 2007.

Slow Design

Sites

Droog Design: www.droog.com

Alastair Fuad-Luke: www.fuad-luke.com

SlowLab: www.slowlab.net

Ezio Manzini: www.scenocosme.com/souffles.htm

5.5 designers: www.55designers.com

Sustainable Everyday Ezio Manzini: www.sustainable-everyday-project.net/

Slow Arquitetura

Sites

Slow Arquitetura: www.slow-architecture.com

Wang Shu: www.chinese-architects.com

Eduardo Souto de Moura: www.pritzkerprize.com/laureates/2011

Enrico Frigerio: www.frigeriodesign.it

Slow Money

Sites

Slow Money: www.slowmoney.org

Investors' Circle: www.investorscircle.net

Slow Book

Sites

Pordanonelegge: www.pordanonelegge.it

Portal italiano Slow Book: www.slowbook.org/home.html

Slowbookfarm: www.slowbookfarm.wordpress.com

:: DESACELERE • OUSE DIMINUIR O RITMO E VIVA MELHOR

Slow Book Movement: www.slowbookmovement.com
Portal dos editores franceses independentes: www.lekti-ecriture.com
Outro site Slow Book na França: www.librairiemonet.com

Slow Music

Sites

Amiina: www.amiina.com

Slow Media

Sites

Jennifer Rauch: www.jennifer-rauch.com

Carl Honoré: www.carlhonore.com

Digital Detox Week: www.digitaldetox.org

O Manifesto Slow Media: http://en.slow-media.net/manifesto

O site Slow Media na Alemanha: www.slow-media.net

O site Slow Media nos Estados Unidos: www.slowmedia.typepad.com

Outras mídias

O projeto Sotchi: www.thesochiproject.org

Apresentador e produtor Stéphan Bureau em Montreal faz "Slow TV" com sua série Contact: l'encyclopédie de la création, na televisão quebequense.

≡ Bibliografia

Desaceleração

CHESNEAUX, Jean. *Habiter le temps*. Montrouge: Bayard, 1996.

EHRENBERG, Alain. *Le culte de la performance*. Paris: Pluriel, 1996.

HONNETH, Axel. *Les pathologies de la liberté*. Paris: La Découverte, 2008.

KOSELLECK, Reinhart. *Le futur passé*. Paris: Éditions de l'EHESS, 2000.

ROSA, Hartmut. *Accélération: une critique sociale du temps*. Paris: La Découverte, 2010.

Introdução

CAMOIN, Robert. *Art, littérature, socialisme et utopie chez William Morris*. Arles: Sulliver, 2001.

PETRINI, Carlo. *Bon, propre et juste*. Barret-sur-Méouge: Éditions Yves Michel, 2006.

Slow Food

ARIÈS, Paul. *Les Fils de McDo*. Paris: L'Harmattan, 1997.

_____. *Le Socialisme gourmand, les empêcheurs de penser en rond*. Paris: La Découverte, 2012.

BRILLAT-SAVARIN, Anthelme. *Physiologie du goût*. Paris: Julliard, 1965.

KIMBRELL, Andrew. *The Fatal Harvest: the Tragedy of Industrial Agriculture*. Washington: Island Press, 2002.

MEULEN, Hielke van der. "The Emergence of Slow Food". Em *Pathways to High-Tech Valleys and Research Triangles, Innovative Entrepreneurship, Knowledge Transfer and Cluster Formation in Europe and United States*. Nova York: Springer, 2008.

PETRINI, Carlo. *Bon, propre et juste*. Barret-sur-Méouge: Éditions Yves Michel, 2006.

_____ *et al. La position centrale de l'alimentation*, trabalhos apresentados no Congresso 2012-2016, Slow Food International (coletivo). Disponível em http://www.slowfood.fr/congres_mondial_2012/doc_position_centrale_alimentation_FRA.pdf. Acesso em abril de 2016.

_____. *Slow Food, manifeste pour le goût et la biodiversité*. Barret-sur-Méouge: Éditions Yves Michel, 2005.

_____. *Terra Madre*. Paris: Alternatives, 2011.

SIMONETTI, Luca. *L'ideologia di Slow Food*. Florença: Mauro Pagliai, 2010.

WRIGHT, Wynne & MIDDENDORF, Gerad (org.). *The Fight over Food: Producers, Consumers, Activists Challenge the Global Food System*. University Park: Penn State University Press, 2008.

Cittaslow

ARIÈS, Paul. "Des villes lentes, vite!". Em *La décroissance: ralentir la ville*, nº 47, março de 2008.

_____. "Un frein à la vitesse". Em *Relations*, nº 702, agosto de 2006.

CARFANTAN, Serge. "L'homme pressé. Em *Les dossiers de demain de l'agence d'urbanisme de la région grenobloise: excès de vitesse*, nº 5, abril de 2006.

FOUCAULT, Michel. *Surveiller et punir*. Paris: Gallimard, 1975.

HOWARD, Ebenezer. *Tomorrow: a Peaceful Path to a Real Reform*. Nova York: Routledge, 1898.

ILLICH, Ivan. *Énergie et équité*. Paris: Seuil, 1975.

KOOLHAAS, Rem. *New York Délire: un manifeste rétroactif pour Manhattan*. Coleção Architecture. Marselha: Parenthèses, 1975.

KUNDERA, Milan. *La Lenteur*. Paris: Gallimard, 1995.

MICHELET, Jules. *Histoire de France 1724-1759*, vol. 18. Paris: A. Lacroix et Compagnie, 1880.

VIRILIO, Paul. "Banlieue en crise: la grippe viaire". Em *Urbanisme*, nº 347, 2006.

_____. *Le grand accélérateur*. Paris: Galilée, 2010.

_____. *Vitesse et politique*. Paris: Galilée, 1977.

WELLS, H. G. *Quand le dormeur s'éveillera*. Paris: Société du Mercure de France, 1911.

BIBLIOGRAFIA ::

Slow Money

PHILIPS, Kevin. *Wealth and Democracy, a Political History of the American Rich.* Nova York: Random House, 2003.

SCHUMACHER, Ernst. *Small is beautiful: une société à la mesure de l'homme.* Paris: Seuil, 1973.

TASCH, Woody. *Inquiries into the Nature of Slow Money: Investing as if Food, Farms and Fertility Mattered.* White River Junction: Chelsea Green Publishing, 2008.

Slow Education

BOURDIEU, P. & PASSERON, J. C. *La reproduction. Éléments pour une théorie du système d'enseignement.* Paris: Les Éditions de Minuit, 1970.

BRUNER, J. *Culture et mode de pensée.* Paris: Retz, 2000.

DIEL, P. *Éducation et rééducation.* Paris: Payot, 1989.

DURU-BELLAT, M. *L'inflation Scolaire.* Paris: Seuil, 2006.

FRANCESCH, J. D. *Éloge de l'éducation lente.* Lyon: Silence/Chronique sociale, 2011.

GARDNER, H. *Les intelligences multiples.* Paris: Retz, 2004.

HONORÉ, C. *Éloge de la lenteur.* Paris: Marabout, 2005.

KINTZLE, Catherine. *Condorcet: l'instruction publique et la naissance du citoyen.* Paris: Minerve; Folio Essais, 1984.

LEPRI, J-P. *La Fin de l'éducation?.* Breuillet: Éditions l'Instant Présent, 2012.

MONTAGNER, H. *L'Arbre enfant.* Paris: Odile Jacob, 2006.

MORIN, E. *Les sept savoirs pour l'éducation du Futur.* Paris: Seuil, 2000.

PAUL, R. *La Finlande, un modèle éducatif pour la France? Les secrets d'une réussite.* Coleção Pédagogies. Nogent-le-Rotrou: ESF, 2008.

PIAGET, J. *Psychologie et pédagogie.* Paris: Denoël, 1969.

RESWEBER, J.-P. *Les pedagogies nouvelles.* Coleção Que sais-je?. Paris: PUF, 2008.

ROGERS, C., *Enseigner et apprendre.* Paris: Dunod, 2007.

ROUSSEAU, J.-J. *Emile ou de l'éducation.* Paris: GF Flammarion, 2009.

SANSOT, P. *Du bon usage de la lenteur.* Paris: Payot et Rivages, 2000.

TROGER, V. *L'Ecole.* Paris: Le Cavalier Bleu, 2001.

VIAUD, M.-L. *Des collèges et des lycées différents.* Coleção Partage du savoir. Paris: PUF, 2005.

ZAVALLONI, G. *Pédagogie de l'escargot.* Villeurbanne: Éditions de l'Enseignement, 2011.

Slow Management

ARENDT, Hannah. *La Condition de l'homme moderne*. Paris: Éditions Pocket, 2001.

ARGYRIS, Chris. *Personality and the Organization*. Madison: Harper, 1957.

BASS, B. *Transformational Leadership: Industrial, Military and Educational Impact*. Mahwah: Lawrence Erlbaum Associates, 2006.

_____ & STOGDILL, R. M. *Handbook of Leadership. Theory, Research, and Managerial Applications*. Mankato: The Free Press, 1974.

DRUCKER, Peter. "Management by Objectives and Self Control". Em *The Practice of Management*. Nova York: Harper Collins, 1954.

GAULEJAC, Vincent & MERCIER, Antoine. *Manifeste pour sortir du mal--être au travail*. Paris: Desclée de Brouwer, 2012.

LAFARGUE, Paul. *Droit à la paresse (1880)*. Paris: Mille et une nuits, 2000.

LASN, Kalle. *Culture Jam*. Nova York: Quill, 2000.

MCGREGOR, Douglas. *The Human Side of Enterprise*. Nova York: Mc Graw-Hill Book Company, 1960.

ROCHE, Loïck *et al*. *Le Slow Management: éloge du bien-être au travail*. Fontaine: Presses universitaires de Grenoble, 2010.

Slow Sex

ARVIND & SHANTA, Kale. *Tantra: the Secret Power of Sex*. Mumbai: Jaico Publishing House, 2006.

DAEDONE, Nicole. "Slow love". Em *Ravages: dossier Slow*, nº 7. Paris: JBZ & cie, dezembro de 2011.

_____. *The Art and Craft of the Female Orgasm*. Nova York: Grand Central Publishing, 2011.

FOUCAULT, Michel. *Histoire de la sexualité*. Paris: Gallimard, 1994.

JAMES, E. L. *Cinquante nuances de Grey*. Paris: JC Lattès, 2012.

MASTERS, William H. *et al*. *Les réactions sexuelles*. Paris: Robert Laffont, 1968.

RICHARDSON, Diana. *Slow Sex: the Path to Fulfilling and Sustainable Sexuality*. Merrimac: Destiny books, 2011.

SINOPE, Diogénes de. *La vie, les amours et les aventures de Diogène le Cynique, surnommé le Socrate fou, écrites par lui-même*. Paris: Éditions Manucius, 2011.

BIBLIOGRAFIA ::

Slow Turismo

ARISTÓTELES. *Éthique à Nicomaque*. Paris: Éditions Des Équateurs, 2011.

BABOU, I. & CALLOT, P. *Les dilemmes du tourisme*. Coleção Gestion internationale. Paris: Vuibert, 2007.

BAUDELAIRE, C. *Les fleurs du mal*. Paris: Livre de poche, 1861.

BOYER, M. *Le tourisme*. Paris: Seuil, 1982.

CHEYNET, V. *Le choc de la décroissance*. Paris: Seuil, 2008.

DECROLY, J.-M. *et al. Tourisme et société: mutations, enjeux et défis*. Coleção Aménagement du territoire et environnement. Université de Bruxelles, 2006.

DESCARTES. *Le discours de la méthode*. Paris: Flammarion, 2000.

DUBOIS, Ghislain. "Le long chemin vers le tourisme lent". Em *Cahier Espaces: Nouvelles mobilités touristiques*, nº 100, março de 2009.

DUMAZEDIER, J. *Les métamorphoses du travail et la nouvelle société du temps libre*. Coleção Logiques Sociales. Paris: L'Harmattan, 2000.

EPICURO. *Lettres, maximes, sentences*. Paris: Livre de Poche, 1994.

FINCHELSTEIN, G. *La dictature de l'urgence*. Paris: Fayard, 2011.

HOUELLEBECQ, Michel. *La carte et le territoire*. Paris: Flammarion, 2010.

JONAS, H. *Le principe responsabilité*. Paris: Flammarion, 2008.

LAMIC, J-P. *Tourisme durable: utopie ou réalité? Comment identifier les voyageurs et voyagistes éco-responsables*. Coleção Tourismes et sociétés. Paris: L'Harmattan, abril de 2008.

LÉVINAS, E. *Altérité et transcendance*. Paris: Livre de poche, 2006.

LEVI-STRAUSS, Claude. *Tristes Tropiques*. Paris: Pocket, 2001.

MORAND, Paul. *L'homme pressé*. Coleção L'Imaginaire. Paris: Gallimard, 1990.

MORIN, Edgar. "Tourisme et solidarité". Em *Revue Téoros*, 2007.

ONFRAY, M. *Manifeste hédoniste*. Coleção Manifeste. Paris: Autrement, 2011.

REYNAUD, Jean. "Surexploitation des ressources et dégradation de l'environnement face à la croissance touristique des Baléares?". Em *Rives méditerranéennes*, nº 12, 2002.

ROSENTRAUB, Mark S. & Joo, Mijin. "Tourism and Economic Development". Em *Tourism Management*, vol. 30, nº 5, outubro de 2009.

VIARD, J. Éloge de la mobilité: *essai sur le capital temps libre et la valeur travail*. La Tour d'Aigues: Éditions de L'Aube, 2006.

_____. *Réinventer les vacances. La nouvelle galaxie du tourisme*. Paris: La Documentation française, 1998.

Slow Design

MANZINI, Ezio. *Scenarios of Sustainable Ways of Living*. Milão: Politecnico, 2007.

STRAUSS, Carolyn & FUAD-LUKE, Alastair. "The Slow Design Principles", disponível em www.slowlab.net. Acesso em abril de 2016.

Slow Arquitetura

FRIGERIO, Enrico. *Slow Architecture for Living*. Milão: Skira, 2005.

Slow Book

ISIDORO, Adrian de San. "Amazon dicte sa loi et asphyxie les petits éditeurs", disponível em http://rue89.nouvelobs.com/rue89-culture/2012/09/14/amazon-dicte-sa-loi-et-asphyxie-les-petits-editeurs-235230, setembro de 2012.

"LE SLOW BOOK PART en guerre contre le best-seller", em *Courrier International*, 19 de fevereiro de 2010. Disponível em http://www.courrierinternational.com/article/2010/02/19/le-slow-book-part-en-guerre-contre-le-best-seller. Acesso em abril de 2015.

Slow Media

HEIDEGGER, Martin. *Essais et conférences*. Paris: Gallimard, 1958.

HONORÉ, Carl. *In Praise of Slowness*. Nova York: Harper Collins, 2004.

RAVAGES. «dossier Slow", nº 7. Paris: JBZ & Cie, 2011.

ROSA, Hartmut. *Accélération: une critique sociale du temps*. Paris: La Découverte, 2010.

Slow Science

AUDIER, Herni. "Depuis 2002, l'effort de recherche de la France s'effondre: 2,02% du PIB en 2008". Em revista *SNCS-Hebdo*, nº 19, 19 de outubro de 2009.

ARQUIMEDES. *Traité des corps flottants* (287-212 a. C.). Trad. Adrien Legrand (1891). Detambel

GARFIELD, Eugène. *Fast science vs. Slow science, or Slow and Steady Wins the Race*. Em *The Scientist*, vol. 4, nº 18, 1990.

GOSSELAIN, Olivier P. *Ravages: dossier Slow*, nº 7. Paris: JBZ, 2011.

BIBLIOGRAFIA ::

JOLLIEN, Alexandre. *Éloge de la faiblesse*. Paris: Marabout, 1999.

ROSA, Hartmut. *Accélération: une critique sociale du temps*. Paris: La Découverte, 2010.

RYMARSKI, Christophe. "Slow Science, Slow Food, Slow City…: les mouvements Slow". Em *Sciences humaines*, n$^{\underline{o}}$ 239, julho de 2012.

Este livro foi composto com as fontes Absara e Minion, impresso em
papel offset 90 g/m² no miolo e cartão supremo 250 g/m² na capa,
nas oficinas da Rettec Artes Gráficas e Editora em agosto de 2016.